안 된다고
생각해 본 적 없다

_____ 님께

날마다 작심, 이루지 못할 꿈은 없다

날마다 작심,
이루지 못할 꿈은 없다

초판 1쇄 인쇄 2020년 11월 16일
초판 1쇄 발행 2020년 11월 20일

지은이 | 강남구
펴낸이 | 하인숙

기획 | 김현종
편집 | 김경민
마케팅 컨설팅 | 커버스토리
디자인 | 커버스토리, 황윤정

펴낸곳 | ㈜ 더블북코리아
출판등록 | 2009년 4월 13일 제2009-000020호
주소 | (우)07983 서울시 양천구 목동서로 77 현대월드타워 1713호
전화 | 02- 2061- 0765
팩스 | 02- 2061- 0766
이메일 | doublebook@naver.com

ⓒ 강남구, 2020

ISBN 979-11-85853-82-6 (03320)

해도 된다! 고졸 CEO 강남구의 유쾌한 승부수

날마다 작심,
이루지 못할
꿈은 없다

강남구 지음

다블북

추천사

뛰어난 창업자는 이른바 모두가 안 된다며 고개를 젓는 사업 계획을 실행해 내는 사람들이다. 이들은 공통적으로 끝없는 열정, 몰입, 호기심, 학습능력, 끈기 등을 갖추고 있다. 작심 독서실을 전국적인 프리미엄 독서실 체인으로 성장시킨 강남구 아이엔지스토리 대표도 그런 사람 중 한 명이다. 강남구 대표는 성공한 스타트업 창업자로서 지금의 자리에 서기까지 그간 치열했던 자신의 성장 스토리를 가감 없이 솔직하게 이 책에 담아냈다. 창업해서 큰 투자를 받고 성공에 이르는 길이 명문대 출신 엘리트만의 전유물이라고 믿는 이가 있다면 강남구 대표의 창업 스토리를 읽어 보길 권한다. 화려한 스펙이나 자격증 없이도 성공에 대한 간절한 염원, 끝없는 공부와 과감한 실행력이 있다면 누구나 훌륭한 스타트업 대표가 될 수 있다는 사실을 생생하게 확인할 수 있다.

임정욱 / 티비티 공동대표

대한민국 최초 소셜커머스 티몬의 1등 영업 사원 강남구는 입사한 직후부터 퇴사할 때까지 티몬의 '영업왕' 자리를 단 한차례도 놓치지 않았으며, 지역 확장 캠페인을 꾀차고 추진하면서 시장점유율을 48퍼센트로 끌어올리는 괴력을 발휘하기도 했다. 작심 독서실을 창업한 지 4년 만에 400호점을 달성하며 가파르게 성장 중이며 홍콩을 시작으로 해외로 진출하는 강남구 대표의 저력은 평소 그의 태도에서 비롯된다. 그는 말단 사원이든 팀장이든 자리와 관계없이 항상 오너십을 가지고 목표지향적으로 일에 몰입해 왔다. 어떻게 살 것인가로 고민하고 있다면 강남구 대표의 이야기를 읽으라고 감히 추천한다.

신현성 / 티몬 의장

지금까지 일하며 수많은 사람을 만났지만 만난 첫날 투자를 결심하게 한 사람은 강남구 대표가 유일하다. 작심 독서실을 온라인 교육 콘텐츠를 소비할 수 있는 자기주도학습 플랫폼으로 확대하는 전략은 교육 회사 입장에서 굉장히 매력적이었다. 또한 흔히 화려함을 추구하다 보면 실리를 잃게 마련인데, 강남구 대표는 오히려 실리를 얻기 위해 화려함을 이용하며 모든 것을 주도면밀하게 계산하여 계획을 세운 뒤에 철저하게 일을 진행하는 모습이 무척 인상적이었다.

이시원 / 시원스쿨 의장

강남구 대표와 첫 투자 미팅을 한 후 인테리어 업체가 투자를 받으려고 한다는 생각에 처음에는 회의적이었다. 그러나 그는 투자가 이루어질 때까지 포기하지 않겠다며 계속 찾아와 다섯 시간이 넘는 미팅이 수차례 이어졌고 그때마다 어려운 과제를 하나씩 해결하며 플랫폼 비즈니스로 빠르게 성장하는 그의 모습에 100억 원 투자를 흔쾌히 결정했다. 이후 "우리 동네를 최고의 배움터로"라는 기치 아래 플랫폼 사업이 빠르게 확장되는 것을 보며 강남구 대표의 실행력과 학습능력에 놀라움을 금치 못했다. 앞으로가 더욱 기대되는 강남구 대표는 이제 개인의 성공을 넘어 세상에 크게 기여할 인물이 될 것으로 믿는다.

김항기 / 전 알펜루트자산운용 대표이사

CONTENTS

차례

프롤로그 안 된다고 생각해 본 적 없다

PART

01

안녕하세요
강남구입니다

PART 02

90년생 CEO 강남구의
유쾌한 승부수

PART 03

포브스가 선정한
차세대 리더 강남구의 작심

프롤로그
PROLOGUE

안 된다고 생각해 본 적 없다

안녕하십니까. 작심 독서실과 스터디카페 등을 운영하는 ㈜아이엔지스토리의 대표 강남구입니다. 《날마다 작심, 이루지 못할 꿈은 없다》는 2013년에 출간된 《청춘, 거침없이 달려라》에 이은 제 두 번째 책입니다. 첫 책이 꿈을 찾는 나와 같은 청춘들에게 희망과 용기를 주려고 쓴 것이라면, 이번 책에는 지금까지의 제 삶을 되돌아보고 그간의 성장 과정을 진솔하게 전하는 내용을 담았습니다.

전 대학에 진학하는 대신 남들보다 일찍 사회로 나가는 길을 선택했습니다. 그 길을 선택한 덕분에 스물한 살에는 티몬의 최연소 팀장이 되었고, 곧이어 스물두 살에는 억대 연봉과 무제한 법인카드를 받으며 나스닥 상장 기업인 그루폰 한국 지사의 최연소 본부장으로 스카우트되었습니다. 스물네 살이던 2013년 10월에는 청소년 진로 교육 서비스를 제공하는 아이엔지스토리를 창업했고, 이후 군 복무 중에 사업 방향을 새롭게 전환해 전역을 석 달 앞둔 2016년 6월에 프리미엄 독서실 브랜드 '작심'을 론칭했습니다.

간단한 제 이력만 보고 혹자는 그저 어린 사람이 시대를 잘 만나 운 좋게 승승장구했다고 여길 수도 있겠지만 실상은 전혀 그렇지 않습니다. 전 그동안 제가 하는 일에 늘 제 영혼까지 모두 갈아 넣었다고 자신 있게 말할 만큼 누구보다 피땀을 흘리며 지금 이 자리까지 왔습니다.

저를 움직이는 원동력은 딱 한 가지였습니다. '안 된다고 생각해 본 적 없다'입니다. 지금도 이 믿음을 되새기며 하루하루 도전하는 삶을 살고 있습니다. 창업의 길은 어둡고 험난하기에 한 걸음 한 걸음 내디딜 때마다 두렵고 불안합니다. 하지만 도전하지 않으면 자신의 삶에서 아무것도 바꿀 수 없습니다. 무조건 피할 수도 있는 일이 아니기에 어떻게든 방법을 찾고 무엇보다 나 자신을 믿고 앞으로 나아가야 합니다. 실패가 두렵겠지만 내가 포기하지 않는 한 내 인생도 절대로 실패하지 않습니다. 정작 내가 포기하지 않는데 어느 누가 내 삶에 실패했다고 규정할 수 있을까요. 가능성이 조금이라도 있다면 도전에 겁먹지 말고 어떤 시련과 어려움이 닥쳐와도 버티고 이겨 내야 합니다. 된다고 생각하는 사람에게 길은 반드시 있습니다.

1990년생, 올해로 서른한 살인 전 이제 전국 400여 개의 작심 독서실과 스터디카페를 책임지는 한 회사의 대표이자 한 가정의 가장이 되었습니다. 쉴 새 없이 앞만 보고 달려왔고 사업이 성장한 만큼 제 마음가짐도 많이 달려졌습니다. 비록 부잘것없고 어려웠던 과거도 있지만 그 역시 저의 모습이기에, 나의 과거의 모습을 돌아보며 지금의 달라진 제 생각을 글로써 한번 정리해 보고 싶었습니다. 이전의 강남구는 어떤 사람이었고 지금의 강남구는 어떤 생각을 하며 사는지 그리고 강남구가 그리는 미래의 모습까지 모두 솔직히 털어놓았습니다. 타고난 천재는 아니지만 노력과 열정, 실행력만큼은 그 누구에게도 뒤지지 않는다고 자부하기에 이 책을 선택한 독자분들께 긍정의 에너지로 희망과 용기를 전할 수 있기를 바랍니다. 작심을 함께 이끌어 준 홍승환 이사와 제가 군 복무를 하는 동안 공동대표 자리를 든든하게 지켜 준 우호진 대표님께 지면을 빌려 감사의 인사를 전합니다. 이분들이 없었다면 지금의 저는 물론이고 작심도 없었을 것입니다. 끝으로 사랑하는 부모님과 아내, 아들 그리고 작심을 믿고 선택해 주신 전국의 모든 원장님께 께 진심으로 감사드리며 앞으로 만날 이 책의 독자분들께도 감사의 마음을 전합니다.

2020년 11월

강남구

PART 01

안녕하세요
강남구입니다

CHAPTER
01

강남구 저력의
원천을 소개합니다

이상적인 아버지와 현실적인 어머니

내 이야기를 시작하기에 앞서, 지금의 나를 있게 해 준 가족 이야기를 빼놓을 수 없다. 그때나 지금이나 난 가족의 힘으로 숱한 위기를 이겨 내며 성장해 왔기 때문이다.

우선 나의 아버지는 라면이나 화장품 샘플, 아이스크림, 한약 등의 봉지를 제조하고 이런 재활용 폐기물을 다시 녹여 국내외 산업 원료로 유통하는 회사를 운영하신다. 그런데 초등학교 3학년 때, 아버지의 회사 사정이 갑자기 어려워져 집안의 가세가 기울면서 내 인생의 첫 시련을 겪었다.

지금 회사를 운영하는 내 시점에서 보면, 그 당시 아버지의 사업은 운이 따르지 않는 시기였다. 아버지는 자수성가한 사업가로, 그 과정에서 수많은 고비가 있었지만 그때마다 칠전팔기의 정신으로 금세 다시 일어나는 오뚝이 같은 분이셨다.

내가 사업에 관심을 갖게 된 건, 이렇게 집안이 어려워진 상황도 있었지만 사업가인 아버지의 영향이 컸다. 그래서 난 경험상 사업가 기질은 재능과 노력도 중요하지만 가정환경 또한 무시할 수 없다고 생각한다.

집안 형편이 어려워지자 아버지는 어머니에게 이렇게 말씀하셨다. "공장 부지를 팔면 빚은 당장 빚은 갚겠지만 내 꿈도 모두 사라지게 되겠지. 지금은 상황이 어렵지만 내가 할 수 있는 데까지 최대한 노력해 볼 거야. 난 나의 피땀 어린 노력으로 일군 회사를 이렇게 포기하고 싶지 않아." 아버지는 비록 사업을 하며 어려움을 겪으셨지만 사업은 시기와 운이 잘 만나면 바로 다시 일어설 수 있다고 믿는, 두둑한 배포와 강단을 갖춘 사업가셨다. 직장인은 한 번 넘어지면 다시 일어서기 힘들지만 사업가는 새로운 아이템을 잘 만나면 언제든 단기간에 회복할 수 있다고 강조하셨다. 난 힘든 상황에서도 긍정의 힘으로 삶을 개척해 나가시는 아버지를 줄곧 존경해 왔다.

난 꿈은 누구나 꿀 수 있지만 꿈을 이루기 위한 실행력의 차이에서 성공과 실패가 갈린다고 생각한다. 실행력이 부족한 사람은 현실에 안주하는 삶을 선택하는 경향이 있고, 결국 자신이 꿈꾸던 바를 이루기 어렵다. 성공을 꿈꾼다면 우리 아버지처럼 '하면 된다'는 생각으로 자신을 믿으며 과감히 도전해야 한다는 것을 난 어릴 때부터 몸과 마음으로 익혔다.

어머니는 아버지와 달리 지극히 현실적인 분이시다. 아버지의 사업이 어려웠을 때, 어머니는 어린 나에게도 우리 집이 당장 길거리에 나앉아야 하는 심각한 상황이라고 숨김 없이 알려 주셨다. 난 솔직한 어머니의 이야기에 걱정스럽고 무서웠지만 한편으로는 그런 현실적인 어머니 덕분에 지금 우리 집 상황이 어렵다는 사실을 정확히 인식할 수 있었다. 그와 동시에 늘 다시 일어날 수 있다는 믿음을 주신 아버지 덕분에 불안과 안심은 균형감을 이룰 수 있었다. 어머니 말씀에 불안해하다가도 아버지의 당당함을 볼 때면 그 불안은 어느덧 사라졌다.

아버지가 벌이는 일을 잘하셨다면 어머니는 정리하는 일을 잘하셨다. 난 이 모습이 부부의 이상적인 궁합이 아닌가 한다. 지금 30대가 되어 돌이켜 보니 나에게는 성공을 꿈꾸는 이상적인 아버지와 성공을 치밀하게 계산하고 뒷받침하는 현실적인 어머니가 있었기에 그 중간에서 균형을 이룬 지금의 내가 있을 수 있었던 것 같다. 난 지금도 꿈은 아버지처럼 크게, 계획은 어머니처럼 구체적이고 치밀하게 세운다.

안녕하세요, 강남구입니다!

내가 봐도 우리 아버지는 보통 분이 아니시다. 내가 태어난 1990년대는 한참 강남이 개발되고 있을 때였는데, 아버지는 내가 태어나자 여느 아이들 이름과 다르게 '강남구'라는 특별한 이름을 지어 주셨다. 한문으로 진주 강姜, 남녘 남南, 구할 구求인데, 성공하여 강남에 살라는 아버지의 바람이 담긴 이름이었다.

난 경기도 안양에서 초중고를 나왔다. 초등학교 시절에는 친구들이 '서울특별시 강남구'란 지역을 잘 몰랐다. 그래서 어렸을 때는 이름이 지역명이라는 이유로 놀림을 받기보다는 성씨 때문에 '강낭콩'이라는 유치한 별명으로 불렸다.

난 자라면서 아버지가 지어 주신 내 이름 덕을 톡톡히 봤다. 사람들은 내 이름을 들을 때마다 이름이 땅값 비싸기로 유명한 '강남구'이니 앞으로 성공한 것처럼 말했고, 난 그때마다 이미 크게 성공하겠다고 뿌듯했다. 하지만 현실의 나는 특출한 재능이 없는 평범한 아이였다. 남들보다 상대적으로 부족하다는 박탈감을 느끼던 나는 강남구라는 이름에 걸맞게 특별해지고 싶다는 열망이 더욱 커졌다. 그래서 내 이름을 많은 사람들에게 더 많이 알리고 싶어 했고 어린 시절의 난 그렇게 강남구라는 이름으로 인해 특별한 존재로 자랐다.

영업 사원으로 일하던 20대 초반 시절에는 가명이 아니냐는 질문도 종종 받았다. 이것만 봐도 내 이름은 한번 들으면 기억에 깊이 남는 이름인 건 확실하다. 강남구라는 내 이름 세 글자는 처음 만난 사람들에게는 특별한 인상을, 나 자신에게는 자신감을 안겨 준 이름이다. 그리고 실제로 난 30대에 자수성가해 강남 주민이 되었으니 나의 이름에 담은 아버지의 바람이 이루어신 셈이다.

나서기 좋아하는
강남구식 리더십

중학교 2학년 때까지 난 세상에서 무서울 것이 하나도 없었다. 사고 싶은 건 뭐든 살 수 있었고 하고 싶은 일도 고민 없이 할 수 있었다. 그렇게 어린 시절을 세상의 어려움을 모르고 부유하게 지내다 아버지의 사업이 어려워지면서 가세가 기울자 현실의 냉혹한 벽에 부딪쳤다.

집안 형편은 비록 어려웠지만 난 학교에서만큼은 언제나 당당했다. 오히려 어려운 사정을 숨기기 위해 이전보다 더 자신만만하게 굴며 나를 감췄다. 특히 난 친구들을 모아 그들 사이에서 리더 역할을 맡길 좋아하고 또 친구들을 잘 이끌었다. 공부, 미술, 체육 등 어떤 분야든 난 특별히 잘하는 것이 없었기에 남다른 재능이 있는 친구들을 보면 부러웠다. 그런 친구들을 이끄는 리더의 역할을 하면 나 역시 그들과 똑같은 부류가 될 것이라고 여겼다. 그렇게 각 분야에서 잘하는 친구들을 잘 모으니 리더십이 뛰어나다는 칭찬도 종종 들었다. 하지만 리더십보다는 그저 난 나서기를 좋아했던 것 같다. 내가 다른 아이들보다 잘하는 것이 있다면 바로 '나서기'와 '잘하는 게 없다는 걸 인정하는 것' 이 두 가지였다.

잘하는 게 없는데 나서기를 좋아했으니 허세로 나를 포장하는 능력은 날로 늘었다. 내가 하고 싶은 일을 하는 데 필요한 능력을 갖춘 친구들을 모으는 것. 그 일을 하는 자리가 바로 '리더'였다. 어떤 과제가 주어지든 난 그 과제를 가장 잘할 수 있는 친구를 모으는 데 탁월했다. 그때 내가 한 일은 친구들에게 가장 적합한 역할을 배분하고 전체적인 진행 상황을 살피는 것이었다. 그리고 우리 조가 좋은 결과물을 내면 가장 먼저 칭찬받는 것은 조장인 나였다. 그 성취감은 이루 말할 수 없이 컸다.

가끔 조장이 되지 않았을 때도 있었다. 그때마다 난 정말 존재감 없는 조원이었다. 내가 노력하지 않아서가 아니라 조원으로서는 항상 나보다 더 나은 재능을 지닌 친구가 있었고 조의 능률을 위해서라도 당연히 그 친구가 능력을 발휘하게 해 주는 게 옳았다. 하지만 결과는 내가 조장을 할 때만큼 좋지 않았다. 각각의 조원의 능력은 그대로인데 조장이 누구냐에 따라 결과가 달라지는 이유가 궁금했다. 그래서 난 언제나 조장의 자리가 탐이 났다.

난 조장으로서 인정받기 위해서 의사 결정, 바로 '선택'을 잘해야 한다는 것을 알았다. 아이들 대부분이 어려워하는 것이 바로 선택이다. 초등학교 시절 스스로 선택하는 일이 많지 않을뿐더러 그저 부모님이나 선생님이 시키는 대로 하는 경우가 많았다. 난 정반대였다. 난 이런저런 상황을 고려해 제일 최선이라 생각되는 선택을 스스로 결정했다. 그래서 친구들은 물론이고 부모님이나 선생님께도 내가 스스로 생각한 의견을 솔직하게 이야기하곤 했다. 그런 당돌한 내 모습은 부모님에게는 웃음을, 선생님에게는 우려를, 친구들에게는 묘한 신뢰감을 주었다.

난 그렇게 초등학교 3학년 때부터 고등학교 때까지 반장 자리를 놓치지 않았다. 성적도 로비도 아닌 친구들의 신뢰 덕분이었다. 내가 어릴 때만 해도 반장은 당연히 공부를 잘하는 모범적인 학생의 몫이었다. 고등학교 때는 학생회장에 나간다고 하니 선생님들이 나를 말렸다. 난 책가방을 메고 다니라고 하면 손에 들고 다니고, 교복을 단정하게 입으라고 하면 바지를 몸에 꼭 맞게 줄여 입고 티셔츠를 교복 밖으로 보이게 입고 다녔다. 그러니까 그 당시 난 청개구리 같은 학생이었다. 하지만 난 큰 사고를 치는 학생은 아니었기에 당당히 학생회장 선거에 결국 학생회에서 나온 1팀(2인 1조)의 친구들을 제치고 학교를 대표하는 학생회장이 됐다. 나처럼 시끄럽고 정신 사나운 아이가 학생회장이 되니 친구들은 나에게 호기심을 가졌고 날 뭔가 특별한 게 있는 친구처럼 여겼다.

내가 학생회장이 되기로 결심한 건 고등학교 입학식 때였다. 학생회장은 약 1,500명의 전교생 앞에서 마이크도 없이 우렁찬 목소리로 "전체, 차렷! 경례!"라는 구호를 멋지게 외쳤다. 나에게

고등학교 졸업 사진. 대학 진학의 길을 포기하고 창업의 길을 과감히 선택했다.

는 그 모습이 꽤 인상적이었다. 그때부터 학생회장이 되겠다는 목표를 세우고 학교 내에서 '강남구식 정치'를 시작했다. 보통 남학생들은 수업 사이 10분의 짧은 쉬는 시간에도 운동장 농구코트로 뛰어나가 농구를 했다. 그때 신발주머니를 농구대 아래에 두고 종 치기 바로 직전에 신발주머니를 다시 들고 교실로 뛰어간다. 난 이때 내가 먼저 신발주머니를 챙겨 주면서 '강남구'라고 밝게 인사를 하며 내 이름을 알렸다. 이뿐만이 아니었다. 점심시간에도 마찬가지였다. 선거 기간에는 지나가는 친구들에게 한 사람씩 다 악수를 청하며 얼굴도장을 찍었다. 난 뭐든 목표를 설정하고 실행에 옮기는데 이 당시 나의 목표는 전교생 모두와 각각 세번씩 악수 하는 것이었다. 그러다 보니 대여섯 번씩 악수를 하는 친구도 생겼고 난 점차 학교에서 유명인사가 되면서 결국 학생회장에 당선됐다.

난 공부를 잘해서 뽑힌 학생회장이 아니었기에 리더의 임무를 내 식대로 해석하고 풀었다. 난 나를 믿고 뽑아 준 선후배와 친구들을 위해 그들을 대신하는 전달자 역할을 해야 한다고 여겼기에 친구들과 가급적 공감하고 소통하려고 노력했다. 내 능력을 과시하는 자리보다는 누군가의 능력을 더욱 돋보이게 해 주고 싶었다. 한배를 탄 팀이라는 표현이 맞을 것이다. 이런 나의 리더로서의 경험은 지금 내 사업을 하는 데도 큰 도움이 됐다. 난 고졸 출신에 남들에게 내세울 만한 뛰어난 스펙도 없지만 지금 나와 함께 일하는 직원들은 명문대나 유학파 출신들이다. 난 내가 하는 사업에 대해 공동체의식을 가질 수 있도록 직원들과 지속적으로 의견을 주고받는 수평적 리더십을 추구한다. 회사를 어떻게 키우고 운영해 갈 것인지 등 크고 작은 문제들을 직원들과 이야기하며 오너의 입장에서 일을 할 수 있도록 이끈다. 공부와 마찬가지로 일 역시 그저 회사가 시키는 업무에서 그치는 것이 아닌, 자기 주도적으로 일할 수 있는 환경을 만들어 주는 것이 중요하다. 모든 직원을 다 이렇게 관리하는 건 아니다. 직원 역시 자신의 업무에 최선을 다해 서로 간에 신뢰가 쌓여야 한다. 나 또한 회사를 다닐 때 그렇게 배우고 그렇게 일했다.

CHAPTER
02

대학 진학 대신
창업을 선택하다

구제 청바지 장사로
사업에 눈을 뜨다

고등학교 시절, 난 아버지의 말씀처럼 좋은 아이템으로 사업을 하면 우리 집이 금세 다시 일어설 수 있다고 생각했다. 돈만 있으면 아버지의 꿈도 다시 실현해 줄 수 있고 어머니의 웃음도 되찾아 줄 수 있을 것 같았다. 돈만 있으면 이 모든 것이 해결될 거라고 믿었다.

집안 걱정에 날로 근심은 깊어 갔지만 난 친구들 앞에서는 유독 더 자신만만했다. 우리 집이 이제는 부유하지 않다는 사실은 어린 나에게 무엇보다 창피한 일이었다. 그저 어떻게 하면 친구들에게 다시 부유해 보일 수 있을지만 궁리했다. 이는 내 강박감이 만들어 낸 일종의 집착이었다. 눈에 보이는 겉모습보다는 내실을 단단히 다져야 하는 상황에서 남들에게 내가 어떻게 보일지만 걱정했으니 이런 행동이 나를 더 가난하게 만들고 있었다는 걸 그때는 몰랐다.

난 당장 부자가 되기 위한 방법으로 내 인생 첫 사업인 구제 청바지 장사를 시작했다. 고등학교 2학년 때 동대문에서 구제 청바지를 떼다가 싸이월드 미니홈피에서 판매하는 방식으로 여섯 달 동안 1,000만 원이 넘는 수익을 냈다. 말 그대로 대박이 났다.

이렇게 고등학생이 온라인 쇼핑으로 별 어려움 없이 돈을 벌수 있었던 건 쑥스럽지만 그 당시 안양에서 꽤 알려진 나의 유명세 덕분이었다. 내 미니홈피에는 하루 방문자 수가 많을 때는 7,000명이 넘었고 이에 착안하여 내 미니홈피를 방문하는 사람들에게 내가 입은 옷이나 아이템을 판매했다. 초기 자본은 단돈 2만 원. 구제 시장을 돌아다니며 구제 청바지 한 벌을 사서 4만원에 팔았다. 그렇게 번 돈 2만 원을 밑천으로 다시 물건을 사고또 팔기를 반복하며 장사에 재미를 느꼈다.

지금 돌이켜 보면 비록 어린 나이에 시작한 첫 장사지만 미니홈피라는 온라인 채널과 타깃 설정이 적절했다. 장사를 해 보니이렇게 시대적 흐름과 운이 잘 맞으면 단기간에 큰 돈을 벌 수 있다는 아버지의 말이 이해가 갔다. '내가 노력한 만큼 돈을 더 많이벌 수 있다.'란 사실을 깨달은 첫 순간이 바로 이때다. 어떤 업종이 되든지 나 강남구는 무조건 사업을 해야겠다고 다짐한 순간이기도 하다.

고등학교 2학년 시절 역시 나에게는 인생의 큰 전환점이었다. 밖에서는 구제 청바지 사업으로 장사의 가슴 뛰는 돈맛도 봤지만, 학교에서는 학생회장 선거에 나가 학생회장으로도 당선되면서 많은 이들의 주목을 받는 리더의 역할도 경험했다.

그 당시 난 공부보다는 사업에 관심이 많았지만 담임 선생님의 "자리가 사람을 만든다."라는 조언을 듣고서 뒤늦게 공부하기 시작했다. 학생회장이 되었으니 나도 할 수 있다는 것을 만인에게 보여 주고 싶었다. 학생의 신분이니 시간과 행동에 제약이 따랐고 당장 내 능력을 증명할 수 있는 것은 공부밖에 없었다. 난 그제야 공부에 몰두했고 성적은 기대보다 더 잘 나왔다. 하지만 어느 대학을 가고, 어떤 전공을 선택해야 할지 막막했다. 그저 공부를 잘해서 선생님, 친구들, 부모님에게 나의 능력을 보여 주고 싶었다. 그거 하나는 성공했다.

그렇게 난 대학 진학을 앞두고 '내가 왜 공부를 하고 있나?', '배우고자 하는 건 뭔가?'라는 수많은 의문에 휩싸였다. 그리고 스스로 계속 질문했다. 하지만 아무리 생각해도 딱히 답이 나오지 않았다.

대학 진학이 아닌
창업의 길을 가다

고등학교 시절, 난 청바지 장사를 통해 내가 사업 쪽에 재능이 있다는 사실을 일찌감치 깨달았다. 그래서 부모님을 설득해 다들 으레 가는 대학 진학의 길을 포기하고 창업의 길을 과감히 선택했다. 내가 열정을 쏟으며 지금 당장 자신 있게 할 수 있는 건 공부가 아닌 사업이라고 자신했다. 대학은 나중에라도 내가 잘하는 것과 못하는 것을 파악한 뒤 가도 늦지 않을 것으로 생각했다.

하지만 현실은 나의 기대처럼 흘러가지 않았다. 고등학교 때 느꼈던 장사의 꿀맛은 그리 오래가지 않았다. 스무 살이 되던 해에 사촌 형과 의기투합해 '케이브라더스'란 회사의 이름을 먼저 짓고 부푼 꿈을 안고 사업을 준비했다. A4 용지 뒷면에 기업 광고를 실어 대학생들이 무료로 용지를 사용할 수 있게끔 하는 서비스였다. 하지만 우리의 사업은 실행도 하지 못한 채 어설프게 끝이 나고 사촌 형과는 각자의 길을 가게 됐다.

다시 뭐라도 해 볼 심산으로 디자이너를 고용해 티셔츠를 만들기도 하고 파티플래너가 되기도 하는 등 이곳저곳의 문을 두드렸지만 모두 실패의 쓴맛을 봤다. 아무런 준비 없이 그저 성공에 대한 열정만으로 무모하게 달려든 탓이었다. 그렇게 연속적인 실패를 경험하고 나는 다시 원점으로 돌아갔다. 그리고 과연 내가 어떤 것에 흥미를 갖고 내가 가장 잘할 수 있는 게 무엇인지를 진지하게 고심했다.

난 사업을 하면서 업체와 만나 광고를 수주하고 사람들을 만나 설득하는 일을 도맡았는데, 여기서 영업을 통해 계약이 성사될 때 큰 희열을 느낀다는 걸 알았다. 난 영업을 잘하고 좋아하는 사람이었다. 비록 내 사업은 실패로 돌아갔지만 같은 업종의 회사에 본부장으로 들어가 내 적성에 맞는 영업 업무를 이어 갔다. 그곳은 서울대학교 부자동아리에서 만든 '인스코코리아'란 회사였다. 처음에는 서울대, 연세대, 고려대, 숭실대에 각종 기업 광고가 실린 A4 용지를 무료로 제공하는 서비스를 진행했다. 이후 대상 학교를 늘려 사업을 더 확장하려고 했지만 중간에 회사가 어려워져 사업이 중단됐다. 그 당시 난 본부장이라는 직책은 있었지만 사실 무급 직원에 불과했다. 교통비, 식비 등을 모두 자비로 충당했고 그저 성공만을 좇으며 일했다.

비록 어려운 상황이었지만 내 일에 최선을 다했던 덕분에 나에게도 기회가 찾아왔다. 첫 직장이라고 할 수 있는 그곳에서 내 인생의 멘토를 만난 것이다. 바로 당시 회사의 광고주였던 소셜 커머스 업체 '티몬'의 신현성 대표다.

신 대표는 한낱 영업 사원인 내게 먼저 다가와 "영업을 잘하실 것 같군요."라고 칭찬하며 자신감을 불어넣어 줬다. 보통 업계에서 유명한 사람을 만나면 잘 보이기 위해 아부를 떨거나 띄워 주며 애를 쓰는데 난 신 대표가 어떤 사람인지 사전 정보가 전혀 없었기에 일상적인 대화를 건네며 예사롭게 대했다. 내가 의도한 바는 아니었지만 신 대표는 그런 나를 호의적으로 평가했다.

가끔 난 이렇게 상대에 대한 정보가 부족한 것도 나쁘지 않다고 생각한다. 그래서 지금도 상대의 커리어를 자세히 알아보기는 하지만 머리에 모두 담아 두진 않는다. 상대의 정보를 너무 상세하게 알고 있으면 그 커리어에 기가 눌려 내가 원하는 방향으로 대화를 이끌기 힘들 때가 종종 있기 때문이다. 일단 초반부터 이렇게 상대가 어려워지면 나 스스로 눈치를 보게 되고 결국 정확하고 빠른 의사 전달이 어려워진다.

다시 본론으로 돌아가, 난 그렇게 다니던 회사의 사정이 어려워지자 내 사업을 다시 시작하기로 마음먹었다. 2010년 당시는 스마트폰이 급속도로 보급되는 시기였고 이로 인해 향후 소셜커머스 시장이 빠르게 성장할 것으로 판단했다. 난 창업 멤버로 일곱 명을 모아 소셜커머스에서 제품을 50퍼센트 할인해서 판매하는 '반땅'이란 이름의 사이트를 오픈하기 위해 분주히 움직였다. 팀 구성은 물론이고 회사 로고도 다 제작한 상태였다. 하지만 오픈을 앞두고 소셜커머스 티몬과 동종 업계이니만큼 신현성 대표를 만나 미리 말해 두는 게 상도에 맞는 행동이라는 생각이 들어 내가 먼저 식사 자리를 제안했다.

난 뜻밖에 이 자리에서 신 대표에게 창업보다는 티몬이라는 파이를 함께 키워 보자는 제안을 받으며 역으로 영업을 당했다. 나에게는 자존심이 걸린 문제였다. '반땅'의 내표도시 소셜기미스 사업을 준비하던 내가 경쟁 회사의 인턴사원으로 들어가는 모양

새였다.

그 자리에서 신 대표는 나에게 어디 출신이냐고 물었고 난 경기도 안양이라고 답했다. 바로 신 대표는 회사에 전화를 걸어 안양 지역의 팀장 자리가 비었는지 확인했고 공석이라는 답을 듣자마자 티몬 안양 지역의 팀장으로 들어오면 되겠다고 입사를 적극적으로 제안했다. 티몬에 입사한 후 일을 좀 배우다가 안양의 팀장 자리로 가면 좋겠다고 나를 구슬렸다.

티몬은 내가 입사를 고민하던 2010년 당시만 하더라도 직원이 열 명 남짓에 불과한 소규모 스타트업이었다. 고심하던 끝에 결국 난 모든 걸 내려놓고 티몬의 인턴으로 들어가 밑바닥부터 갈고닦기로 결심했다.

그 당시 가족이나 친척들은 내가 티몬에 입사하는 것을 두고 "대학도 가지 않더니 이상한 다단계 회사에 다니는 거 아니냐",

며 조심하라는 충고와 함께 걱정스러운 기색을 한결같이 보였다. 빨리 군대나 가라는 압박도 심했다. 나는 귀를 막고 경주마처럼 무조건 앞만 보며 달렸다.

무엇보다 내가 티몬에 입사하기로 결정한 건 고졸 출신인 내가 엘리트들과 함께 일할 기회였기 때문이다. 티몬의 창업 멤버들은 최고의 엘리트 집단인 미국의 명문사립대와 카이스트 출신들이었다. 도대체 그들은 어떤 생각을 하고 어떻게 일하며 사업을 운영하는지 자존심은 잠시 접어 두고 그들 옆에서 직접 보고 배우고 싶었다. 소위 화려한 스펙의 소유자인 그들이 이력서도 보지 않고 신현성 대표의 안목만으로 나를 뽑았으니 나에게는 큰 행운이자 기회였다.

영업왕 강남구,
스물두 살에
억대 연봉을 받다

티몬의 전설이 된
강남구식 생존전략 기술

막상 티몬에 입사하니 그들 사이에서 두각은 나타내고 싶은데 생각보다 현실의 벽은 높았다. 그래서 난 스스로 살아남기 위한 강남구식 전략을 짰다. 첫 번째가 바로 '인사하기'다. 어릴 적에 어머니는 항상 어른들을 보면 인사를 잘해야 한다고 입버릇처럼 말씀하셨고, 난 자연스레 사람을 만날 때마다 우렁차고 밝은 미소로 인사를 건네는 것이 몸에 뱄다. 인사는 자칫 사소해 보이지만 상대방에게 나를 알리고, 호감이 가게 하는 가장 효과적인 생존전략이다. 이는 첫인상을 좌우하기에 인사만 잘해도 절반은 성공인 셈이다.

그래서 난 제일 먼저 '강남구'를 알리기 위한 방법으로 인사를 열심히 했다. 사람들이 나를 알건 모르건 만나는 사람마다 "안녕하세요. 스물한 살 강남구입니다. 잘 부탁드립니다."라고 반갑게 인사했다. 그러니 사람들이 자연스레 나를 '인사성이 밝은 직원'으로 인식했다.

직원들이 모이는 워크숍을 갈 때 빨간 트레이닝복을 입기도 했다. 많은 사람 사이에서 돋보이기 위해서였다. 그러면 강남구라는 사람은 기억하지 못해도 '워크숍에서 빨간 트레이닝복을 입은 사람'은 기억한다. 내가 생각하는 조직에서 살아남는 처세술의 기본은 바로 이런 긍정적인 인간관계다. 제일 먼저 이런 인간관계가 원만하게 이루어지면 그다음 단계는 바로 실력 쌓기다. 실력을 아무리 쌓아도 인간관계가 원만하지 못하면 회사에서 살아남기 힘들다.

난 실력을 쌓기 위해 회사에 두 가지 질문을 던졌다. 첫 번째 질문은 "티몬에서 소통을 가장 잘하는 사람이 누구입니까?"이고 두 번째 질문은 "티몬에서 영업을 가장 잘하는 사람이 누구입니까?"였다.

이 질문에 대한 답을 듣고 나서 난 그 두 사람을 따라다녔다. 소통을 가장 잘하는 사람은 어떻게 상대방의 의견을 듣는지, 그리고 어떻게 대화를 이끄는지 유심히 살펴봤다. 영업을 가장 잘하는 사람 역시 항상 옆에 따라다니며 그만의 영업 방식을 익혔다. 그러다 보니 그 사람이 지난 10년 동안 했던 영업 방식 중에서 최선의 방법만을 족집게 과외처럼 배울 수 있었다. 그가 수많은 시행착오를 겪으며 오랫동안 쌓아 온 최고의 영업 방식을 그렇게 난 단기간에 습득했다.

하지만 난 그들의 방식을 그저 따라만 하지 않았다. 그 노하우를 바탕으로 그들이 하는 것보다 더 열심히 노력해야 그게 진정한 내 실력이 된다. 그들의 연륜과 경험을 시간으로 비교하면 난 상대가 안 됐기에 그들보다 절대적으로 많은 시간을 투자해야 했다.

2010년 초창기 티몬이 등장한 시기에 국내에서는 소셜커머스 social commerce (일정한 수 이상의 구매자가 모일 경우에 특정 품목을 파격적으로 낮은 가격에 판매하는 전자 상거래의 한 방식) 라는 개념조차 낯설었다. 소셜커머스에 거부감을 보이는 사람도 많았기에 초짜 영업 사원인 나에게는 영업이 더욱 힘들었다.

난 본격적인 영업을 위해 새로 오픈한 음식점에 들어갔다. 그리고 가게 사장에게 "많은 사람에게 새로 오픈한 가게를 홍보할 수 있는 티몬이라는 마케팅 채널이 있습니다."라고 말문을 열며 대화를 이끌었다. 그러면 가게 사장은 솔깃해했고 그때부터 차근차근 서비스를 설명했다.

"우선 사장님이 판매하시는 메뉴 가격을 50퍼센트 할인해 주셔야 합니다. 수수료는 30퍼센트입니다. 그리고 카드수수료 3퍼센트는 별도라 총 83퍼센트의 할인율을 적용해 주셔야 티몬에서 사장님의 가게를 홍보해 드릴 수 있습니다."

문자 그대로 해석하자면 금액의 83퍼센트를 할인해 달라는 말이다. 하지만 사실상 새로 오픈한 가게는 일단 손님을 많이 오게해 맛을 보는 경험을 쌓는 것이 중요하다. 이를 사장이 직접 하려면 전단지나 광고 등의 마케팅 비용을 추가로 들여야 하지만, 소셜커머스에서는 음식값의 할인율을 적용하면서 이런 마케팅을

티몬의 창업 멤버들은 최고의 엘리트 집단인 미국의 명문사립대와
카이스트 출신들이었다. 도대체 그들은 어떤 생각을 하고 어떻게 일하며 사업을
운영하는지 자존심은 잠시 접어 두고 그들 옆에서 직접 보고 배우고 싶었다.

대행하는 역할까지 해 준다. 이게 핵심이다. 하지만 가게 사장은 이런 설명은 전혀 듣지도 않고 그저 불같이 화를 내며 나에게 소금을 뿌렸다. 새로 오픈한 집에 와서 부정 타는 소리를 한다는 뜻이었다. 난 그 가게를 나와 잠시 고민했다. 자존심도 무척 상했고 영업이라는 일 자체가 두렵기까지 했다. 하지만 그 상황에서 다시 도전하지 않으면 아무것도 바뀌는 게 없었다. 피한다고 피할 수 있는 일이 아니었기에 어떻게든 방법을 찾았다. 가능성이 조금이라도 있다면 무조건 도전하자는 마음이었고 이 도전이 있었기에 지금의 내가 있지 않았나 한다.

다른 직원들은 한 가게에 들어가 거절당하면 쉽게 포기하고 다른 가게에 들어간다. 하지만 난 오기가 발동해 다음 날 바로 그 가게에 손님으로 다시 방문해 점심을 먹었다. 점심시간이라 손님이 붐볐다. 물을 달라, 반찬을 더 달라는 손님들의 요구가 끊이지 않았다. 일손이 부족해 보였고 난 밥을 먹다 말고 자리에서 일어나 그 일을 대신했다. 점심시간이 끝나 갈 때쯤, 내 목에는 자연스레 앞치마가 걸려 있었다. 가게 사장은 이런 나의 노력과 진정성에 결국 마음이 움직였다.

이렇듯 내 영업 철학은 감성 영업이었다. 이 모든 것이 다 사람 관계에서 일어나는 일이기에 신뢰와 교감이 중요하다고 믿었다. 그래서 난 한 가게를 영업하는 데 적게는 60회에서 많게는 100회

넘게 방문했다. 아침에 가게 오픈할 때, 점심시간에, 그리고 퇴근할 때 방문해 하루에도 몇 번씩 얼굴도장을 찍었다. 그렇게 두 달을 꾸준히 찾아가니 난 그 동네에서 '젊은 사람이 성실하다', '요즘 보기 드문 열심히 일하는 청년이다' 등의 소문이 났으며 계약 건수 역시 자연스럽게 늘었다.

난 청담동, 압구정동, 이태원에서부터 분당 정자동카페거리, 죽전카페거리, 더 나아가서 부산과 광주, 포항, 대구 등지의 지역을 빠르게 확장하며 치열하게 뛰어다녔다. 한 예로 내가 영업한 죽전카페거리에 대해 좀 더 자세히 이야기하면 이렇다. 우선 난 아침 9시에 회사에 출근해 출근 도장을 찍고 바로 내 영업 지역으로 갔다. 그리고 그 동네에 도착해 무료로 주차할 수 있는 곳을 찾아 차를 세워 두었는데 운이 없으면 가끔 딱지도 뗐다. 난 바로 계약할 수 있는 상황을 고려해 회사 팸플릿과 계약서를 바리바리 들고 걸었다. 난 내가 정해 둔 A부터 Z 지점까지 계속 걸으며 영업했다. 목표 지점의 30퍼센트 정도에 왔을 때 점심을 먹고 다시 Z 지점까지 이어 영업했다. 그리고 다시 A 지점으로 돌아와 처음 영업한 카페로 들어갔다. 오늘 하루 종일 걸었는데 한 건도 계약하지 못했다고 카페 사장에게 말하며 커피 한잔을 주문하고 대화를 자연스럽게 건넸다.

죽전카페거리처럼 비교적 거리가 먼 곳은 한 바퀴를 다 돌기 전에 점심시간이 된다. 그럼 다시 돌아와 한 번 방문한 곳에 가서 점심을 먹는다. 그러면 매상도 올려 주고 동시에 자연스럽게 대화를 이끌어 갈 수 있다. 이런 방식으로 한 달을 반복하면 100회 넘게 가는 영업장도 생긴다. 매일 가서 인사하고, 또 인사하며 얼굴도장을 계속 찍는다. 그래야 오전에 10퍼센트 이야기하면 오후에 다시 찾아 20퍼센트를 더 대화할 수 있다. 그리고 다음 날 또 가서 이야기하고 반응이 없으면 바로 인사를 하고 나온다. 그럼 10초도 채 지나지 않아 다른 영업장으로 이동하게 된다. 이게 내 일의 반복되는 일상이었다. 결국 CS^{Customer Service}나 콜드 콜^{cold call}을 받을 때까지 계속 전화하는 것과 같은 방식이다. 난 이 방식을 오프라인에 적용한 것이다. 계약될 때까지 오프라인 영업장을 쉼 없이 방문했다. 그 당시 티몬에서 영업 사원 한 명이 한 달에 따내는 딜^{deal}(일정 시간 안에 정해진 소비자가 모이면 대상 상품을 할인 판매하는 방식)이 다섯 건 내외였다면 난 이런 방식으로 한 달에 스무 건 이상의 딜을 따냈다. 영업 사원은 일정 건수가 넘으면 받을 수 있는 인센티브가 정해져 있었는데 난 항상 그 기준을 한참 넘어섰고 회사에서 유명해질 수밖에 없었다. 실제 나의 영업 방식을 관찰해 콜드 콜을 하는 TM이라는 조직이 신설되기도 했다. 난 이렇게 항상 독보적인 1등, 새로운 기준을 제시한다는 사실에 일이 힘든 줄도 모르고 그저 기분이 좋았다.

조직에서 살아남는
강남구식 처세술

◆ 기본편 ◆

나를 알려라!
효과적으로 호감을 사는 법

❶ 싹싹하게 인사하며 자신만의 첫인상을 만들어라!

사람들을 만날 때마다 알건 모르건, 크고 상냥하게 인사해 상대방에게 '인사성 밝은 직원'으로 기억에 남긴다.

❷ 빠르게 기억에 남으려면 남들보다 튀는 옷을 입어라!

직원들이 많이 모이는 자리에 갈 때가 나를 알리기 좋은 기회다. 예컨대 워크숍의 경우, 티피오T.P.O(시간time, 장소place, 상황occasion에 맞는 옷차림)에는 맞지만 빨간 트레이닝복과 같이 남들보다 튀는 옷을 입어 나를 돋보이게 한다. 그러면 이름은 몰라도 '그 빨간색 트레이닝복을 입은 직원'이라고 기억에 남는다. 단, 지나치게 튀는 행동은 오히려 반감을 살 수 있으니 주의한다.

❸ 회식 다음 날도 가장 먼저 출근해라! 그리고 어제의 술자리보다는 일 대화만 해라!

평소에 남들보다 일찍 출근해 일하는 건 당연하다. 플러스알파로 회식 자리가 길어져 늦게 집에 들어간 날에도 남들보다 일찍 출근하는 일관성을 보여 주자. 이는 곧 어떤 상황이든 성실하다는 인식을 심어 준다. 그리고 이보다 더 중요한 것이 바로 대화의 주제. 어제의 술자리가 아무리 좋았다고 해도 출근해서 숙취로 힘들다는 이야기는 절대 금물이다. 전날의 일은 다 잊자. 그리고 지금, 앞으로의 일 이야기만 하자. 이런 모습이 동료에게는 얄밉게 보이겠지만 상사에게는 옆에 두고 싶은 직원이 될 것이다. 회식은 회식이다. 회식과 일을 철저히 구분해라. 직장에서는 오로지 일 생각만 하고 이미 지나간 일에 대해서는 함구해라.

❹ 긍정적인 리액션의 달인이 돼라!

직원들과 이야기할 때 고개를 끄덕인다거나 눈을 맞추며 적극적으로 반응해라. 또 말 역시 어떻게 하는지도 중요하지만 끝까지 잘 경청하는 것이 훨씬 더 중요하다. 이때 모든 대화는 긍정적인 사고에서 나온 질문으로 이끌면 소통을 더 잘할 수 있다. 이 점이 키포인트다. 질문도 답변도 부정적인 사고에서 나오면 기분부터 상한다. 또 상대가 힘들어하고 부정적인 이야기를 한다고 맞장구쳐서는 절대 안 된다. 그건 하수다. 상대의 처지가 안쓰럽다고 맞장구치며 위로하는 것은 결과적으로 서로에게 전혀 도움이 되지 않는다. 그 안에서 할 수 있다는 희망을 찾아 용기를 북돋고 칭찬해 주어야 한다. 그래야 대화가 단순한 푸념으로 끝나지 않는다. 일에서 좋은 대화는 상대에게 자신감을 불어넣고 기분 전환을 할 수 있도록 도우며 동시에 자신에게도 긍정적인 사고와 할 수 있다는 활력 에너지를 불어넣어 준다. 난 직장생활을 하면서 동료들에게 나와 대화하고 나면 힘이 난다는 말을 자주 들었다. 이는 곧 나와 상대 모두에게 발전적인 대화 방식이다.

◆ 활용편 ◆

연륜을 이기는
절대적 시간 투자로
실력을 단단하게 쌓아라!

❶ 부서별로 최고로 일 잘하는 사람을 알아내라!

영업 사원의 경우, 소통과 영업을 가장 잘하는 사람 누구인지 알아내자. 이 둘만 따라다니면서 그들이 오랜 세월 동안 시행착오를 겪으며 갈고닦은 실력을 단시간에 족집게 과외처럼 익힐 수 있다. 그리고 이를 밑거름 삼아 절대적인 시간 투자를 통해 나만의 영업 노하우를 만들어 내야 한다.

❷ 안 되면 될 때까지 해라!

일단 어떤 분야든 '안 된다는 생각'부터 버려야 한다. 만약 모두 안 된다고 하면 그 안 되는 이유가 무엇인지 집요하게 찾아내서 새로운 해결책을 찾자. 안 되는 이유는 없다. 방법을 찾지 못해서 안 되는 것뿐이다. 식상한 이야기지만 성공한 사람들이 가장 중요하게 생각하는 일 처리 방식이다.

❸ 사람의 마음을 움직이는 건 결국 '감성 영업'이다!

어떤 일이든 다 사람들 간의 일로 공감과 신뢰가 바탕이 되어야 한다. 그 공감과 신뢰는 하루아침에 쌓이지 않지만 언젠가 진심은 통하게 마련이다. 자신만의 방법으로 신뢰를 쌓을 방법을 꾸준히 찾자. 나 같은 경우는 한 번 거절당한 가게라고 할지라도 매일 꾸준히 방문해 인사를 건넸다. 신뢰를 얻기 위해서는 마음과 행동이 한결같아야 한다. 그러면 사람에 대한 안정이 생기고, 이는 곧 신뢰로 이어진다.

❹ 나 얼마 버는지 절대 말 못 해!

영업 사원의 경우 성과에 따라 월급이 제각기 다르다. 아무리 친한 사이라도 자신의 월급을 절대 밝히지 말자. 판도라의 상자가 열리는 순간 아군이 적군으로 바뀐다.

강남구식 영업 비결,
키맨을 잡아라!

이렇게 난 내 영업 지역에서 '젊은 친구가 정말 열심히 한다'는 소문이 나니 계약 건이 끊이질 않았다. 조금 과장하면 5분 간격으로 계약 상담 전화를 받았다. 전화하고 있으면 다음 전화가 와 있었고, 또 전화를 끊으면 부재중 전화가 줄을 이었다. 그러다 보면 부재중 전화를 다 처리하지 못한 채 미팅에 들어갔고 미팅 후 전화기를 확인하면 부재중 전화가 또 끝없이 쌓여 있었다. 왜 이렇게 연락이 안 되느냐는 말을 들으면 죄송한 마음이 들기도 했지만 한편으로는 당당했다. 일부러 전화를 피하며 바쁜 척을 하거나 꾀를 부린 것이 아니라 정말로 일을 하느라 바빴기 때문이었다. 전화비가 많이 나올 땐 한 달에 50만 원을 훌쩍 넘었고 개인적인 시간이라고는 전혀 없었다. 더는 내가 발로 뛰어서 영업을 하는 건 한계가 있었다.

내가 티몬에서 스스로 몸으로 익혀 터득한 영업 비결은 바로 '키맨Key man'이다. 어느 정도 영업의 기틀을 갖췄을 때 이 '키맨'을 만나면 폭발적으로 성과가 난다. 내가 영업한 상대가 나를 신뢰하는 키맨이면 그 사람의 연결, 그다음 연결이 자동으로 이어져 영업이 기하급수적으로 늘어나는 것이다.

그럼 난 그 핵심적인 키맨만 관리하면 된다. 그 키맨이 또 나를 믿고 사람을 소개하면 또 그 사람 안에서 키맨이 생긴다. 피라미드처럼 계약이 성사되는 것이다.

이렇게 난 티몬의 영업 1등을 놓치지 않았다. 영업 성과에서 단순히 한 번 1등이 된 게 아니라 난 티몬을 퇴사할 때까지 늘 1등이었다. 그렇게 난 억대 연봉과 더불어 차량까지 지원받으며 명실상부 티몬의 에이스가 되었다.

지금 생각해도 난 참 치열했다. 오전 9시에 출근해서 하루 종일 영업을 하고 남들 다 퇴근한 뒤에도 새벽 2~3시까지 CS 댓글을 달았다. 티몬에 직원이 스무 명이 채 안 되던 시절이었기에 오프라인 영업부터 고객 응대, 파트너 매니지먼트, 댓글 달기 등 모든 걸 혼자서 해내야 했다. 그리고 회사가 있는 서울 강남에서 경기도 안양에 있는 집으로 가서 쪽잠을 자고 다시 오전 7시 30분에 집을 나와 오전 9시까지 회사로 출근했다.

그때 난 죽으라면 죽는시늉까지 할 정도로 영업밖에 몰랐다. 워낙 영업 실적이 좋다 보니 다른 직원들의 질투와 시기도 많이 받았지만 그때는 주변은 신경 쓰지 않고 오로지 영업에만 미쳐 있었다. 정확히 말하면 난 일을 잘한 게 아니었고 영업을 잘했다. 영업 외에 다른 업무 능력은 부족했고, 그 부분은 다른 팀원이 채워 줬다. 회사도 이 점을 잘 알았다. 그래서 나의 강점인 영업 능력을 극대화하는 데 힘을 실어 주었다. 난 여기서 리더는 이렇게 직원의 강점을 잘 파악해 능력을 향상할 수 있도록 컨트롤을 잘 하는 게 중요하다는 것을 배웠다. 이 경험은 내가 창업할 때 많은 도움이 됐다.

그리고 회사는 나를 위해 전국적으로 각 지역을 확장하는 '지역 확장 팀 팀장'이라는 없는 직책까지 만들어 줬다. 두 단계 승진이라는 파격적인 초고속 승진이었다. 그리고 내 임무는 부산으로 내려가 그 당시 쿠팡과 현지 소셜커머스 업체에 뺏긴 영업 점유율을 되찾고 추가로 부산 지역을 세분화해 좀 더 지역을 단단하게 확장하는 일이었다.

난 6주 만에 두 개 지역을 네 개 지역으로 확장해야 했다. 한 개 지역을 확장하는 데 평균 한 달이 걸린다. 게다가 지역 특유의 개성이 강한 부산에서 스물한 살짜리 영업 팀장을 반길 사람은 아무도 없었다. 부산 지사 직원들은 저 어린애가 뭘 할 수 있겠냐는 의심의 눈길을 보내며 경계했지만 난 서울에서 영업한 대로 내 페이스를 찾았다.

난 서울에서와 마찬가지로 감성 영업 방식을 펼쳤다. 영업의 기본은 신뢰와 교감이기에 아침저녁으로 업체에 가서 청소를 도와주고 점심도 꼭 업체에서 먹었다. 당시 부산의 모는 벅사골똑의 가게를 다 들어가서 그렇게 딜을 따냈다. 그 당시 난 자존심은 생각할 겨를도 없을 만큼 절실했다. 지금 다시 그렇게 하라면 못할 것 같다.

난 비록 부산에서 6주 안에 네 개 지역으로 확장하는 업무는 달성하지 못했지만 7주 만에 두 개 지역을 일곱 개 지역으로 확장했고 매출은 네 배 이상, 시장점유율은 16퍼센트에서 48퍼센트까지 끌어올렸다. 누구도 해낼 수 없을 거로 생각했던 일들을 이루어 내면서 또 한 번 나를 증명해 낸 것이다.

그 후로 울산, 광주, 목포, 경주 등에 파견을 나가 일정 기간 지역을 관리하고 안정화하는 작업을 하며 여섯 달 만에 본사로 화려하게 복귀했다. 정말 금의환향이라는 말이 어울리는 복귀였다. 큰 산을 하나 넘은 기분이었고 의기양양했다.

그 당시 본사로 복귀했을 때 회사가 나에게 약속한 것이 있었다. 난 본사로 복귀하면 본부장으로 당연히 승진할 줄 알았다. 본부장이 되면 임원진 회의에 참석할 수 있었고 회사가 어떻게 운영되는지, 어디서 어떻게 수익이 발생하고 어떻게 하면 더 큰 수익을 낼 수 있는지 등 회사의 전반적인 그림을 볼 수 있었다. 이는 내가 처음 티몬의 입사를 선택한 결정적인 이유이기도 하며 내가 태어나 한 번도 가 본 적 없는 지방에서 긴 여섯 달을 버틸 수 있었던 유일한 보상이기도 했다.

내가 애초에 티몬에 들어간 것도 경영 마인드를 배우기 위한

티몬의 영업 1등을 놓치지 않았다. 영업 성과에서 단순히 한 번 1등이 된 게 아니라 난 티몬을 퇴사할 때까지 늘 1등이었다.

이유가 컸다. 그 때문에 말단 사원일 때나 팀장일 때도 언제나 목표는 최고 경영자였고, 어느 자리에 있든 오너십을 가지고 일을 했으며 결국 이런 태도가 나를 빠르게 성장시켰다.

하지만 누구도 의심하지 않았던 본부장 승진 기회는 나에게 주어지지 않았다. 오히려 회사는 나에게 사원 교육 팀장직을 제안했고 이는 나에게 어떤 발전도 기대하기 힘든 직책이었다. 내 노하우를 신입사원들에게 전수하는 일에서는 내가 성장할 어떤 기회도 찾을 수 없었다. 입사 당시 열 명 정도에 불과하던 직원이 1년 후 800명이 넘을 정도로 회사는 성장했지만 나의 의욕은 바닥으로 곤두박질쳤다.

조직에서 살아남는
강남구식 처세술

◆ 바로 써먹는 실전편 ◆

영업사원의 몸값 높이는 기술

❶ 무식하게 일해라!

보통 '무식하게 일한다'고 하면 아무런 전략도 없이 비효율적으로 일만 하는 것으로 생각한다. 하지만 내가 말하는 '무식하게 일한다'는 의미는 하나의 전략을 뾰족하게 세워 그 한 곳만 집중적으로 파고들었을 때 주변에서 뭐라고 하든지 자신의 확신으로 그 뾰족한 곳에만 집중하며 일하는 것을 뜻한다. 엄밀히 말하면 무식하게 일하기 위해서는 방향을 잘 세워야 한다. 그리고 여기에 남들보다 많은 절대적인 시간을 쏟아부어야 한다. 효율과 비효율을 따지지 않고 일단 밀어붙여야 한다. 그러면 자연히 경험이 쌓인다. 먼저 이 절대적인 시간 투자로 생기는 경험이 먼저 쌓여야 한다. 그다음 그 경험 안에서 어떻게 하면 일의 효과를 높일 수 있는지가 자연스럽게 파악되고 그러면서 자신이 터득한 효율적인 방식에 집중하는 것이다.

❷ 부담 없이 자주 연락하는 '정보 로비'!

난 사람 만나는 일을 많이 해 왔고 지금도 그렇게 하고 있다. 나의 업무 스타일의 핵심은 사람들과 자주 그리고 부담 없이 연락하는 것이다. 난 이를 '정보 로비'라고 말한다. 로비를 하는 데 돈이 필요 없기 때문에 합법적인 로비나. 그서 부시딘하기민 히면 딘다. 예를 들어, 미팅 후 연락이 오지 않거나 연락을 주기로 한 날이 다가오면 난 자연스럽게 상대에

TIP

게 도움이 될 만한 기사의 링크를 첨부해 메시지로 보낸다. 그리고 도움이 될 것 같아서 보낸다는 인사말을 전한다. 또는 상대가 나온 기사의 링크를 보낸 뒤 인터뷰를 잘 봤다고 말하며 그 인터뷰에 대한 대화를 이끈다. 그러면 상대에게 부담을 주지 않으면서 간접적으로 나와의 거래나 미팅을 다시 한번 되새길 수 있게 하는 효과가 생기며, 더 나아가서 조금 더 긍정적으로 나와의 일을 고민해 볼 수 있는 시간을 갖게 해 준다.

❸ 본인의 처지를 과장 없이 솔직하게 이야기해라!
내가 먼저 상대방에게 마음을 열어야 상대방도 거부감 없이 다가온다. 영업할 때 계약이 불발됐다면 '계약에 실패했다', '요즘 일이 힘들다' 등 내 상황을 과장 없이 솔직하게 이야기한다. 그리고 상대의 현재 상황이나 고민에 대해서도 물으며 감정을 공유한다. 항상 부드럽게 상대의 입장을 늘 헤아리며 설득의 기술을 펼치는 것이 중요하다. 상대방의 입장을 헤아리지 않는 것은 결국 자기주장만 펼치는 꼴이 된다. 대화 도중 자연스럽게 상대의 고민을 해결할 수 있는 자신만의 성공 사례를 공유하며 대화를 내 쪽으로 유리하게 끌어 낸다.

❹ 주변에서 띄워 준다고 들뜨지 마라!
상대가 나를 칭찬할 때 그 말에 담긴 진심을 잘 파악해야 한다. 예를 들어, 영업 사원이 고급 외제 차를 타고 방문했다고 하자. 상대가 이를 보고 "좋은 차를 타시네요."라고 말하면 "요즘 이 정도는 아무나 타죠."라고 응수해서는 안 된다. 이럴 때는 "회사에서 지원해 줘서 무리해서 샀습니다. 제가 영업 사원 중에서 1등인데 아무래도 안전상의 문제도 있고…"라며 회사에서 대우받는 실력이 있는 영업 사원이라는 것을 은연중에 어필하는 센스를 지녀야 한다. 1등이라는 표현은 간접적으로 날 믿어도 된다는 의미이며 내 차이긴 하나 회사에서 지원받았다는 말은 실력 있는 영업 사원임을 드러내 상대에게 신뢰를 높일 수 있다.

그루폰 입사로 스물두 살에
글로벌 기업의 본부장으로 발돋움하다

　스물한 살의 꽃다운 청춘을 다 갈아 넣었다고 해도 과언이 아 닐 정도로 열심히 일한 것은 단지 돈 때문만은 아니었다. 난 티몬 을 다니며 억대 연봉과 차, 그리고 무제한 법인카드까지 내 손에 거머쥐었지만 나에게는 제일 중요한 '시간'이 없었다. 머지않아 군대에 가야 한다는 조급함이 앞섰고 단시간에 많은 걸 배우고 성장해야 한다는 욕심이 컸다. 난 한자리에 만족하며 머무를 수 없었다. 그래서 한 단계 도약을 위해 이직을 고민했다.

　난 소셜커머스 업계에서 티몬을 일으켜 세운 영업의 신이라고

불릴 만큼 유명했고 때마침 쿠팡, 위메프, 그루폰 등 타 경쟁사 헤드헌터들의 스카우트 제의가 들어왔다. 난 회사 이직을 결심하고 그루폰Groupon이라는 세계 최초이자 최대 소셜커머스 기업을 선택했다.

2008년 미국 시카고에서 출발한 그루폰은 서비스 시작 2년 만에 전 세계 44개국, 500여 개 도시에 진출한 나스닥 상장 기업이다. 20조 원의 가치를 인정받은 세계적인 기업이었기에 난 마다할 이유가 없었다.

난 이런 글로벌 기업에서 일하면 새로운 분야를 배우며 성장할 수 있겠다는 부푼 꿈을 꾸었다. 그루폰 역시 스물두 살인 어린 나에게 본부장이라는 파격적인 조건을 제시했다. 나스닥 상장 기업이 고졸인 나를 나의 스펙이 아닌 내가 이룬 성과로 인정한 것이다.

스카우트 제의를 받아들이고 곧바로 연봉 협상에 들어갔다. 난 신중했다. 티몬 경쟁사인 그루폰 코리아에 이직하면서 잃을 게 많았기 때문이다. 1년 동안 차곡차곡 넓혀 온 인맥을 일정 부분 포기해야 했고 석 달 동안 테스트 기간을 거쳐야 정규직 발령이 나는 위험 부담 등 그동안 누렸던 모든 것을 다 잃을 리스크도 무시하지 못했다.

난 비록 나이는 어리지만 소셜커머스 영업 분야에서 실력만큼은 누가 뭐라고 해도 자신이 있었기에 연봉 협상을 하며 이런 기회비용까지 모두 생각하지 않을 수 없었다. 내가 제시한 조건은 그들에게 큰 부담이었지만 결국 난 더 높은 억대 연봉 협상에 성공했다. 여기에 개인비서와 모든 활동을 지원하는 법인카드까지 더 좋은 조건이 따라왔다.

그렇게 난 제2의 도약을 꿈꾸며 그루폰 코리아 B2B 본부장으로 자리를 옮기며 그루폰 지사 중에서도 '최연소 본부장'이라는 타이틀을 가지게 됐다. 내가 고등학교를 졸업한 지 3여 년 만의 일이었다.

난 더 넓은 물에서, 더 높은 곳에서 일하며 성장할 수 있다는 것만으로도 충분히 만족했다. 성장은 나를 움직이게 하는 원동력이자 최고의 가치였다. 난 종종 이직을 고민하는 사람들에게 조언한다. 이직 판단의 기준은 바로 '성장'이 되어야 한다고. 그래야 더 크고 멀리 갈 수 있다. 조금 더 높은 연봉, 복권과 같은 한 방을 노리는 요행은 결코 성공적일 수 없다. 당신이 있는 곳이 성장할 수 있는 곳인가를 다시 한번 스스로 묻는 기회가 되었으면 한다.

그루폰 코리아 B2B 본부장으로 자리를 옮기며 그루폰 지사 중에서도 '최연소 본부장'
이라는 타이틀을 가지게 됐다.

강남구식
연봉 협상의 기술!
선 실력, 후 협상

대체 불가능한 실력을 쌓았다면
리스크에 대한
기회비용까지 요구해라!

이직 연봉 협상을 할 때 대부분이 지금 받는 연봉에서 조금 더 높은 금액이나 회사에서 알아서 조금 더 챙겨 주기를 바란다. 하지만 난 소셜커머스 업계 영업력 1등이라는 협상의 무기가 있었고 업계의 경쟁사로 옮기면서 잃을 게 많았다. 그래서 그 기회비용까지 철저히 계산해 연봉에 반영했다. 단, 이런 협상은 모든 사례에 적용되는 건 아니다. 대부분 이렇게 기회비용까지 요구하면 돈을 밝힌다는 인상을 준다. 게다가 주는 대로 받는 문화가 팽배한 국내 기업에서 이런 협상은 아직 불편한 일이다.

우선적으로 대체 불가능한 실력이 있어야 협상 테이블에 오를 수 있다. 난 소셜커머스 영업 분야에서는 누가 뭐라고 해도 최고라는 자신이 있었기에 당당하게 협상을 요구할 수 있었다. 경력이 부족하고 딱히 이룬 성과도 없다면 돈을 떠나서 성장할 수 있는 곳으로 이직하는 것이 맞다. 나 또한 처음에는 나를 성장시킬 수 있는 티몬이라는 회사를 선택했고, 그 안에서 크게 성장을 이루었기에 협상을 할 수 있는 자리에까지 올라선 것이다. 먼저 그 누구도 대체할 수 없는 실력을 쌓자. 그것이 아니라면 돈보다는 성장을 위한 회사를 먼저 선택하는 것이 옳다.

고생할 각오가 없다면
꿈도 사치다

난 티몬과 그루폰 코리아에서 일하면서 머리가 터지도록, 몸이 부서질 정도로 매우 아팠다. 모든 이들에게 나처럼 치열하게 살라는 것은 아니다. 내 상황이 내가 그럴 수밖에 없게 만들었다. 난 인문계 고등학교에서 받은 교육이 전부였다. 성인이 되어 나를 보호할 무기 하나 없이 회사라는 전쟁터로 바로 뛰어들었다. 입사 준비를 차곡차곡해 가며 어느 정도의 기초 체력을 쌓을 틈조차 없었기에 더 힘이 들었다. 하지만 난 불평할 새도 없이 무조건 살아남아야 했다. 회사에 다니면서 동시에 부족한 체력을 강화해 근육을 단단하게 만들고 내 방식대로 노하우를 쌓았다. 이책을 읽는 독자 중 남보다 조금 더 빨리 성공하고 싶은 이가 있다면 고생할 각오를 단단히 하라고 당부하고 싶다. 쉽게 얻어지는 건 하나도 없다. 그것도 남보다 빨리 얻기 위해서는 고생 없이 결코 이룰 수 없다. 먼저 기초 체력을 쌓고 가는 것이 아니라 일과 함께 기초 체력을 쌓으면서 전진해야 하니 당연히 절대적인 시간이 필요하고 그만큼, 아니 그 이상의 고생은 당연하다. 난 몸을 불살랐던 티몬을 지나 머리 아픈 일이 산재해 있던 그루폰 코리아에서 산전수전 그리고 공중전까지 겪다 보니 30대 초반인 내

또래보다 정신적으로 좀 더 먼저 성숙했다. 30대가 된 지금에서야 서로 이해하고 소통할 수 있는 친구가 생겼지 그 당시에는 이런 나를 공감해 줄 친구는 한 명도 없었다. 20대 중반 친구들이 사회 초년생으로 일할 때 난 글로벌 기업의 본부장이었으니 그 간극이 컸고 공감대가 없으니 주변에서 나를 반기지도 않았다.

하지만 시간이 지나 친구들도 어느덧 사회생활을 진지하게 고민하면서 사이는 급속도로 가까워졌다. 친구들은 내가 20대에 치열하게 부딪치며 살았던 나의 경험을 이해했고 존중해 주었다. 남들보다 먼저 가는 길은 힘들고 외롭다. 하지만 꿈이 있다면 그 어둡고 험한 길을 꿋꿋이 걸어가기를 바라고 응원한다. 분명 그 길 끝에는 성공과 희망이 당신을 기다리고 있을 것이다.

약점의 보완보다는 강점의 극대화가
성공의 지름길이다

그루폰 코리아는 글로벌 기업답게 외국인이 참가하거나 영어로 임원진 회의를 진행할 때가 많았다. 그루폰 코리아 본부장으로 왔으니 사람들은 당연히 내가 명문대를 졸업하고 영어 실력도 원어민처럼 능숙할 거라고 여겼다. 현실은 명문대는커녕 고등학교 졸업 이후 영어책 한 번 펴 보지 않은, 긴장하면 기초적인 문장까지도 듣지 못하는 이른바 영어 무식자였다.

난 여기서 또 살아남기 위해, 아니 1등을 놓치지 않기 위해 나만의 돌파구를 찾았다. 난 그 대안으로 영어 실력 부족이라는 내 약점을 보완하기보다는 나만의 강점을 극대화하려고 노력했다. 난 무엇보다 영업과 소통 능력은 남보다 월등히 뛰어났다. 그래서 영어 공부 대신 통역사를 활용하며 내가 잘하는 업무에 좀 더 집중했다. 물론 영어를 더 잘하면 좋겠지만 그 위치에서 일 대신 영어 실력 향상에 시간을 투자하는 건 비효율적이었다. 못하는 걸 잘하려고 노력하는 것보다 잘하는 걸 더 잘하려고 노력하는 게 더 수월하다. 그리고 그게 훨씬 더 빠른 성장의 지름길이다.

글로벌 기업 그루폰 코리아에서 영어 실력 보완보다는 영업과 소통 능력
강점을 극대화하려고 노력했다.

위기에 봉착했을 때 내가 세상에 어떻게 쓰일지 끊임없이 고민하면 분명 해답은 나온다.

그 당시 내 나이는 스물두 살이었고 부하직원들의 나이는 20대 후반에서 30대 초반이었다. 나이는 어리고 조직은 크니 말도 탈도 많았다.

난 열심히 일해서 높은 성과를 내는 걸 중요하게 여긴다. 사소한 일에 감정을 소모할 에너지가 없었다. 하지만 오직 사내 정치에만 몰두하는 회사 분위기는 나를 더욱 힘들게 했다. 그렇게 회사 눈치를 보며 일에 집중할 수 없는 상황이 무엇보다 견딜 수 없었고, 이윽고 결단을 내려야 할 상황에 처했다. 나를 둘러싼 말도 안 되는 각종 루머에서부터 업무에 집중할 수 없을 정도로 냉담한 직원들과의 대화, 우리 팀만 공유가 안 되는 (안 한다는 표현이 더 적절하겠다) 회의 내용, 특정 부서의 일 몰아주기 그리고 같은 영업성과를 내도 승진과 인센티브가 거부당하는 상황 등 퇴사를 종용하는 각종 문제에 난 지쳐 갔고 결국 퇴사를 결심했다.

당시에는 이런 식의 시기와 질투를 받는 것이 내 일상이었다. 내가 그루폰 코리아에서 퇴사할 때 그나마 내 편이었던 사람들과 나를 질투했던 사람들이 모두 한결같이 "너는 망해야 정신 차린다."라는 폭언을 서슴지 않으며 등을 돌렸다.

겉으로 티는 내지 않았지만 회사와 동료들의 반응에 상처를 크게 받았다. 난 그저 일을 열심히 해서 어떻게든 실적을 높이려고 노력했고 결국 그 목표한 바를 달성했지만 나에게 돌아온 것은 주변의 시기 어린 냉혹한 반응이었다. 그루폰 퇴사 당시 1개월 치의 월급조차 없었다. 법적으로 따져 들면 3~6개월 정도의 월급을 받을 수 있었지만 모든 것이 유치하고 귀찮았다. 내가 회사에 피해를 준 것도 아닌데 마치 패배자가 된 것처럼 절망적이었다. 돌아보면 그때의 나는 참 어렸다. 지금이라면 그렇게 다 포기하고 나오지는 않았을 것이다. 적어도 내 몫은 챙기고 나왔을 텐데… 지금의 나라면 어떤 선택을 했을까?

티몬에서 헌신을, 그루폰에서 희생을 배우다

난 티몬에서 '헌신'을 배웠다면 그루폰 코리아에서는 '희생'을 배웠다. 마음으로 일하는 헌신과 조건을 따지면서 일하는 희생은 정말 다른 결과물이 나온다는 걸 알았다.

그루폰 코리아는 과정보다는 일단 좋은 결과를 만들어 내는 게 우선이었다. 성장보다는 성과 달성이 중요했다. 매주 전체 회의를 열어 본부별로 그 주의 성과를 발표했다. 목표에 미치지 못하면 빨간 불, 목표를 달성하면 초록 불이 떴다. 다른 부서의 영업 사원들도 모두 참가했는데 빨간 불이 뜨면 그야말로 공개적으로 망신을 당하는 상황이었다. 매번 회의 때마다 시험 성적표를 받는 조마조마한 기분이었다. 초록 불이 뜨면 회의 자리가 그나마 덜 민망했다.

이와 달리 티몬에서는 직원이 실수하거나 잘못된 길을 가고 있으면 서로 챙겨 주고 알려 주며 동반 성장을 지향했다. 성과라는 극단적인 단어로 압박을 가하지 않았다. 그루폰 코리아는 그렇게 성과라는 결과에 몰입하니 과정 자체가 불안정하게 성장했다. 소셜커머스의 경우 수십 건의 다양한 딜을 판매하면서 하루에 한 건씩 큰 딜을 진행해 소비자가 다양성을 느껴야 하는데, 내가 보기에는 직원 대부분이 당장의 성과에만 집중하다 보니 정반대로 돈이 되는 딜만 진행할 수밖에 없었다. 그래서 딜이 한정적이었고 고객은 그루폰 코리아에 들어와도 다양한 제품이 없으니 자연스럽게 떠나갔다. 이는 결국 트래픽 저하로 이어지고 매출 하락의 길을 빠르게 걷게 됐다.

또한 대부분이 과거에 했던 딜 중에서 수익이 높았던 딜을 찾아 나열만 했다. 신규 딜을 찾는 데는 시간을 할애하지 못했다. 이 점에서도 난 배움을 얻었다. 조직이 성장하는 데 막연히 성과

만을 이야기해서는 절대 안 된다. 장기적인 관점에서 회사의 이익이 되기 위해서는 시간 투자가 필요하다. 인력을 줄이더라도 동반 성장의 길을 가야 그 회사는 오래간다. 그렇게 그루폰 코리아는 회사가 커지면 커질수록 뿌리가 되는 과정이 단단해질 수 없었고 위기가 닥쳐왔을 때 빠르게 내리막길을 걸었다.

난 그루폰 코리아를 다니면서 직원들과 회식하거나 미팅에 가서 차를 마실 때, 심지어 택시를 탈 때도 법인카드가 없으면 내 개인카드로 지불했다. 사실 업무에 사용된 돈이니 다 청구해서 받는 것이 맞다. 하지만 난 그루폰 코리아를 내 회사처럼 생각했기에 돈을 한 푼이라도 아껴야겠다는 마음이었다. 지금 생각하니 내 개인카드까지 써 가며 회사를 위해 희생한 것은 티몬에서 바쳤던 순수한 헌신도 아니기에 미련과 후회가 남는다.

그래서 지금도 회사를 운영하면서 직원에게 개인 비용은 1원도 쓰지 못하게 한다. 직원들은 소액이라도 전부 지출결의서를 작성해 회사에 청구한다. 그래야 내 마음이 편하다. 그 작은 헌신이 희생으로 변하는 그 순간부터 괴로워진다. 돈은 어느 관계든 확실해야 작은 미련도 없이 깔끔하다. 그래야 사소한 감정 소모 없이 일에도 몰입할 수 있다. 쓸모없는 경험은 없다. 과거의 이런 아픈 경험이 지금에는 큰 도움이 되니까 말이다.

이젠 내 사업을 하다 보니 내 조직에서도 직원들의 알력 다툼

이 보인다. 그루폰 코리아에서 왜 사람들이 나를 경계했고 내 승진을 막으려고 했는지 이제는 조금 알 것 같다. 내가 CEO라고 해도 언젠가 떠날 것으로 보이는 직원은 승진시키고 싶지 않았을 것이다. 그런 면에서 봤을 때 티몬은 참 대단한 회사다. 그런 나를 믿고 승진까지 시키며 내 능력을 발휘할 수 있도록 키워 줬으니 말이다. 그래서 티몬의 신현성 대표는 나의 영원한 멘토이자 은인이다.

입사 당시 그루폰 코리아는 국내 대형 소셜커머스 네 곳 중 실적이 4위, 즉 꼴등이었다. 그루폰 코리아는 업계 1위 티몬의, 그것도 영업 1등인 내가 그루폰 코리아로 온다는 것을 이메일을 통해 전 직원에게 알렸다. 지금 생각해 보면 나이도 어린 사람이 자신들의 본부장으로 온다는 사실을 직원들은 받아들이기 힘들었을 것이다. 게다가 회사에서 전적으로 띄워 주기까지 하니 난 출근 전부터 이미 미운털이 제대로 박혔다. 직원들 모두 '어디 얼마나 잘하나 두고 보자!'라는 마음이었던 것 같다. 여기에 더 중요한 건 내 연봉과 법인카드 한도가 비밀리에 모두 공유됐다는 점이다. 이게 소문이 나면서 직원들과의 괴리감은 더욱 커졌고 내가 아무리 성과를 내도 '저 정도 돈을 받았으니 당연히 일을 잘해야지.'라는 시큰둥한 반응이었다. 스펙이 아니라 나, 상남구라는 사람의 실력만으로 인정해 준 글로벌 기업의 한국지사였지만 체제 자체는 무척 구식이었다. 무늬만 글로벌 기업의 한국지사이지 전형적인 '꼰대' 회사였다. 외국계 기업이 국내에서 자리를 빠르게 잡으려고 경력자들을 먼저 스카우트하다 보니 직원들의 나이가 많았다. 또 능력자들을 자기 편으로 줄 세우려는 파가 여럿 생기면서 실제 업무에 집중하기보다는 사내 정치가 만연했다.

나 역시 우리 팀에 맞는 직원들을 채용해 팀 빌딩을 빠르고 탄탄하게 추진해야 했는데, 난 사람을 어떻게 뽑고 어떤 경력자를 데려와야 하는지조차 몰랐다. 경력도 짧고 학연도 없으니 주변에서 사람을 찾기가 더 힘들었다. 오직 이력서를 보고 직원을 뽑아야 하는데 이미 소셜커머스 업계는 인재 전쟁이었기에 마땅한 이력서가 잘 들어오지도 않았다. 난 팀 빌딩에 큰 어려움을 겪었다. 그렇다고 노력을 하지 않은 것은 아니었다. 티몬과 마찬가지로 직원들과 친해지기 위해 노력했다. 하지만 이런 내 행동 하나하나는 남들 눈에는 그저 아니꼽게 비쳤다. 입사 전부터 이슈의 중심이었으니 회사 생활이 쉽지 않을 거라고 예상했지만 현실의 벽은 그 이상이었다. 실력 쌓기가 아닌, 철저한 상하관계 속에서 윗사람들의 비위만을 맞추는 회사 생활 자체가 견딜 수 없었다. 실제 다른 부서의 본부장이랑 일로 대화를 나누다 언성이 높아져 말싸움까지 했다. 난 그렇게 내가 꿈꾸는 성장과는 거리가 점차 멀어졌다.

교육의 미래를 위해
'내 일'에 도전하다

돌고 돌아 다시 원점, 인생의 밑바닥에서
교육의 미래를 꿈꾸다

스물두 살이라는 어린 나이에 본부장이라는 무거운 직책을 맡으면서 발가벗겨진 사회의 거친 민낯을 경험했다. 사회는 생각보다 불공정하고 치사했다. 서로 살아남으려고 실력을 쌓기보다는 정치적 줄타기를 하는 비상식적인 행동들을 일삼았고 일에만 집중하고 싶어도 집중을 방해하는 숱한 잡음이 존재했다. 아니 땐 굴뚝에서도 연기가 나는, 아니 아예 굴뚝을 만들어서 연기를 피우는 일도 있었다.

퇴사 후 난 어린 나이에 그래도 이 정도 치열하게 살 수 있었던 힘은 과연 무엇이었을까를 진지하게 고민했다. 생각에 생각의 꼬리를 무니 내 주변에는 다양한 사람들이 있었고 난 어려서부터 사람들을 만나는 걸 좋아했다. 심지어 일면식도 없지만 만나고 싶은 사람은 직접 수소문해 찾아갈 정도로 사람 만나는 일에 열정이 가득했다. 그들은 나에게 학교에서 배울 수 없는 다방면의 지식을 쌓도록 도움을 주었으며, 그들에게서 들었던 무용담 같은 이야기들은 고등학교만 졸업한 내가 사회생활을 하면서 중요한 선택의 기로에 섰을 때 복합적으로 생각할 힘을 길러 주었다. 그 덕분에 숱한 시련에도 나는 꿈을 포기하지 않고 열심히 뛸 수 있었다.

난 이제 내가 좋아하는 일에 한 번 도전해 보고 싶었다. 그래서 2013년 10월 22일, 아이엔지스토리라는 진로 교육 회사를 설립했다. '현재진행형의 이야기'라는 뜻을 담은 아이엔지스토리를 통해 다양한 직업군에 종사하는 사람들과 꿈을 찾는 학생들을 연결해 주고 싶었다.

난 내가 힘들 때 나와 같은 길을 걷고 있는 사람중에서 나보다 한발 앞서 있는, 동년배들의 현실적인 조언과 그들이 이루어 낸 성공이 나에게 더 절실하게 와 닿았다. 내가 섭외한 강사들은 영화나 드라마에서나 볼 수 있는 의사, 판사, 변호사, 검사 등 흔히 사회가 말하는 성공한 이들이 아니었다. 가령 고등학교만 졸업하고 전문적인 바리스타가 되고 싶은 학생에게는 명문대를 졸업해 바리스타가 된 사람이 이야기하면 공감이 될 간다. 그래서 난 동시대를 살아가는 주변의 형이나 누나처럼 친근하면서도 열심히 자기 꿈을 향해 전진해 가는 이들을 학생들과 만나게 해 주면 좋겠다는 생각이 들었다. 난 내 인맥을 활용해 그들을 학생들과 만나게 했고 나의 경험과 마찬가지로 학생들의 반응은 기대 이상으로 폭발적이었다.

학생들에게 사회가 권하는 명문대를 졸업해서 꿈을 달성한 사람들이 아닌, 그 밖의 다른 길로 가서 꿈을 이룬 사람들도 낳나는 사실을 알려 주고 싶었다. 현장에서 열심히 자기 꿈을 키우며 살아가는 사람들의 살아 있는 이야기를 들으면 꿈의 시야가 좀 더 넓어질 수 있겠다는 취지였다.

앞서 말했지만 난 누구보다 다양한 사람을 많이 만났다고 자부한다. 많은 사람을 만나는 경험이 인생에 도움이 되었냐고 묻는다면 난 이렇게 말하고 싶다.

"스무 살 때 내가 만난 사람이 지금도 잘되었는가?", 아니면 "그 사람이 성공하는 과정에서 중간에 힘들었다면 나에게는 당시 그 사람의 어떤 단점이 보였는가?", "나는 어떻게 살아야 지속해서 성공할 수 있는가?" 이런 것들을 스스로 질문하고 분석하면서 사회를 나만의 방식으로 배우고 체득했다. 시간이 지나고 보면 그렇게 떵떵거리며 잘나가던 사람들이 대부분 망해 있거나 잠

적해서 보이지 않는다. 수천 명의 팔로어를 거느리는 SNS에서도 곧잘 사라진다. 이를 교훈 삼아 난 항상 나 자신을 되돌아보고 내가 지금 잘살고 있는가를 고민하며 앞으로의 미래를 계획하는 지표로 삼았다.

또 어떤 사람이 주변에 사람이 많은지, 어떤 사람과는 연락이 끊기지 않고 계속 잘 지내는지, 어떤 사람과는 중간에 연락이 끊겼다가 내가 다시 잘되고 만났는지 등을 나 스스로 해석하는 것 또한 내가 많은 사람들을 만나면서 자연스럽게 보고 터득한 삶의 지혜다.

허세가 가득한 사람이 성공과 실패를 반복하는 과정에서 허세를 벗고 겸손해지는 것도 지켜봤다. 이는 나처럼 교만했던 경험이 있어야 보인다. 힘들어도 보고 성공한 것도 아닌데 성공했다고 허세도 부려 보고 또다시 겸손해지는 다양한 경험을 옆에서 지켜보는 것 자체가 나 자신을 깨우치게 했다. 이는 교과서에서는 배울 수 없는 살아 있는 경험이니 어릴 때부터 많은 사람을 만나는 건 분명 좋은 경험이다.

이런 경험은 불편한 사람, 내 사람, 언제든지 또 만날 사람, 내가 능력이 있으면 언제든지 다시 돌아올 사람을 구분 짓게 해 주었고 이는 내가 굳이 인간관계를 시간 내서 관리할 필요가 없다는 것 또한 알게 해 주었다. 지금의 난 모든 사람을 대할 때 진심

초창기 아이엔지스토리는 청소년 단체와 사업 제휴를 맺고
청소년 진로 교육을 활발하게 진행했다.

으로 다가가려고 노력한다. 힘들면 힘들다 기쁘면 기쁘다 솔직하게 그 상황에서 최대한 거품을 빼고 대한다. 내가 그보다 조금 잘났다고 잘난 척할 필요가 없다는 것도 안다. 상황은 언제든 바뀔수 있으니까. 그저 상대의 성공에 기뻐해 주면 된다.

겉만 번지르르한 빈털터리 CEO

난 어릴 때부터 사람 만나는 걸 좋아하고, 사람들을 모으는 것을 누구보다 잘했다. 그래서 내 이런 장점을 활용할 수 있는 진로 교육 사업에 자신감을 갖고 겁 없이 뛰어든 것이다.

2013년 당시, 고졸 열풍이 불면서 《청춘, 거침없이 달려라》라는 책도 출간했다. 절반은 내 이야기, 나머지는 나처럼 열심히 사는 친구들의 이야기를 담았다. 지금 그 책을 다시 읽으면 창피해서 쥐구멍에라도 숨고 싶다. 꿈, 희망, 어려운 상황에서도 굴복하지 않고 꿋꿋이 헤쳐 나가 결국 성공하는 드라마틱한 이야기의 주인공이 나였다. 책 속에 나온 부모님은 그저 나를 경제적 어려움에 빠트린 사람들이었고, 난 아무 도움 없이 나 잘난 맛에 스스로 잘 컸다. 하지만 실상은 그렇지 않다. 난 성실함과 현명함을 갖춘 부모님 밑에서 믿음과 사랑을 가득 받으며 자랐고 지금의 내가 있기까지 모든 지원을 아끼지 않으신 분들이 바로 부모님이다. 하지만 그 당시 책을 쓸 때는 감동을 줄 수 있는 이야기로 부풀려야 했기에 두고두고 부모님께 죄송한 마음이다. 그래서 이 책에서는 내가 먼 훗날에도 떳떳이 읽을 수 있도록 과장 없이 사실만 담백하게 담기로 했다.

결과적으로 ≪청춘, 거침없이 달려라≫는 베스트셀러가 되었고 강의 요청이 계속 늘어나면서 난 진로 교육 사업에 확신이 들었다. 진로 교육이라고 하면 거창하지만, 내가 하는 사업은 진로 교육이라는 틀 안에서 학생들과 성공의 경험을 공유하는 일이었다.

우리가 바라는 현실적인 성공은 빌 게이츠나 마크 주커버그의 삶이 아니다. 좋은 가정을 꾸리고 어느 정도의 경제적 자유를 얻는 현실적으로 가능한 보통의 삶이다. 그래서 난 이런 사람들을 통해 행복한 미래를 보여 주면 더 공감을 얻을 수 있겠다고 생각했고, 실제로 나의 진로 교육 사업은 승승장구했다.

그렇게 1~2년 사이에 아이엔지스토리를 통해 진로 교육 강의를 들은 학생의 수는 전국에서 100만 명을 넘어섰고, 수백 개의 학교에서 강의 요청이 몰려들었다. 서울, 경기 지역은 물론이고 지방에 있는 수많은 중고등학교에 우리 강사를 보낼 정도로 큰 인기를 끌었다.

내가 머릿속으로만 그렸던 일이 일사천리로 진행되니 사업이

신나고 재미있었다. 하지만 그 당시 남들의 눈에는 돈을 많이 버는 성공한 사업가처럼 보였겠지만 실제 재정 상태는 밑 빠진 독이나 다름없었다. 실제 한 시간당 강연료가 4~7만 원 선이었고, 두 시간은 10만 원 선이었다. 이 돈을 강사에게 50~80퍼센트를 주고 나면 회사엔 남는 게 없었다. 그래서 대부분 내가 직접 강의를 나갔다. 고등학교를 졸업한 후, 대학을 가지 않고 사회로 바로 뛰어들어 억대 연봉을 받는 티몬 최연소 팀장과 글로벌 기업인 그루폰 한국지사의 본부장이었던 경력이 있었기에 가능했다.

하지만 회사를 열심히 운영해도 생각처럼 돈이 쌓이지 않았다. 사업자로 등록은 했지만 학원업으로 등록하기 위해서는 사무실이 지상에 있어야 하고 최소 평수와 강의실 등을 갖춰야 하는 등 제약이 따랐다. 그런 조건을 갖추기에는 자금이 턱없이 부족했다. 그래서 면세사업자를 내지 못하는 상황에서 부가세까지 내야 하다 보니 돈을 벌 수가 없었다.

심지어 그때 난 그루폰 코리아 퇴사 후 남들 눈에만 신경 썼다. 내면의 결핍이 많았기에 성공과 돈으로 그 결핍들을 덮고 싶었던 것 같다. '보란 듯이 돈을 많이 번 사업가'는 나의 성공에 대한 강박이 만들어 낸 일종의 집착이었다. 난 성공한 부자처럼 보이는 데만 급급했다. 겉모습이라도 잘나가는 부자처럼 보여야 했으니 수입과 비교해 지출이 상당히 높았다. 성공의 기준을 타인에게 두는 순간부터 삶은 고달파졌고, 난 속 빈 강정처럼 현실은 겉만 번지르르한 카푸어로 전락했다. 자금이 딸려 직원들에게 월급 주는 것도 빠듯했고 하루하루 자금난에 허덕였다. 그야말로 상황은 바닥이었다.

아이엔지스토리를 통해 진로 교육 강의를 들은 학생의 수는 전국에서 100만 명을 넘어섰고, 수백 개의 학교는 물론 군대에서도 강의 요청이 쇄도했다.

다독왕 관심 병사
독서실 사업을 꿈꾸다

인생의 내리막길에서
군에 입대하다

2014년 12월 23일, 난 아이엔지스토리의 대표 자리를 맡을 공동대표를 극적으로 찾아 운영을 맡기고 군에 입대했다. 부모님과 인사도 제대로 나누지 못한 채 입대 5분 전까지도 일을 했다.

군인 신분이었지만 입대한 뒤에도 내 머릿속은 온통 아이엔지스토리로 가득했다. 수입 구조의 80퍼센트가 내 개인 매출이었고 영업 역시 내가 담당했기에 내가 군에 있는 동안 아이엔지스토리의 영업력은 급속하게 떨어졌고 회사는 위태로워졌다.

내가 만든 진로 교육 사업은 진입 장벽이 아예 없었던 게 문제였다. 회사를 어렵게 일궈 놓으면 엎친 데 덮친 격으로 직원들이 퇴사해 내 비즈니스와 똑같은 회사를 만들었다. 그들은 아이엔지스토리가 본인들이 차린 회사라고 홍보하면서 그동안 내가 어렵게 쌓아 올렸던 영업 네트워크를 모두 가로채 갔다. 어느 정도 사업을 키워 놓으면 직원들은 이런 식으로 자기 회사를 만들어 퇴사하기를 반복했고, 고정비 지출은 지속적으로 늘어나는 최악의 상황을 맞이했다. 그렇게 난 내 사람이라고 생각했던 직원들에게 역전당했고 회사는 끝을 모르게 곤두박질쳤다. 우습게도 난 회사가 커지면 커질수록 더 많은 직원을 교육하며 창업시키고 있었던 셈이었다.

이 일을 계기로 앞으로 내가 다시 창업하면 시간이 지나면 지날수록 기업이 커지면 커질수록 진입 장벽을 완벽히 쌓아야겠다고 다짐하고 뼛속 깊이 되새겼다. 그리고 난 내가 시스템을 통제할 수 없는 사업은 손대서는 안 된다는 것 또한 배웠다. 강사 파견이 많을 때는 한 달에 수천 명씩 나가다 보니 강사를 통제한다는 게 사실상 거의 불가능했고 마진도 적은 데 인력은 점점 더 많이 들어갔다. 그러다 보니 점차 영업력이 떨어질 수밖에 없었다.

내가 군에 있는 동안은 친누나가 회사 내부 살림을 맡았다. 공동대표가 있었지만 그 안에서 좀 더 중립적으로 회사를 운영할 수 있는 가족이 있으니 안심이 됐다. 누나는 직원들에게 회사가 어렵다는 사실을 나에게 절대 말하지 말라며 입단속을 단단히 시켰다. 돌아보면 그 당시 누나는 내가 탈영이라도 할까 봐 겁이 났던 거 같다. 난 그 정도로 몸은 군에 있었지만 생각은 온통 아이엔지스토리를 살려야 한다는 걱정뿐이었다. 사실 누나는 대학에서 연출을 전공했고, 자신의 전공을 살려 진출할 좋은 기회가 있었음에도 불구하고 사업에 올인한 동생의 회사를 지키려고 자신의 꿈을 포기한 채 내 회사에 남아 주었다. 난 누나에게 그 은혜를 평생 갚아도 모자란다. 지금도 누나를 볼 때마다 항상 고맙고 미안한 마음이 든다.

그렇게 군에 발목이 잡힌 난 아이엔지스토리를 다시 일으키기 위해 해결책을 생각하고 또 생각했다. 하지만 방법을 찾고 풀어낼수록 사업 시스템 자체가 지속 가능할 수 없다는 답뿐이었다. 진로 교육 강의 콘텐츠는 진입 장벽이 낮아 수많은 경쟁업체가 몰릴 것이고, 내 몸을 써서 하는 노동집약적인 부분도 컸다. 그렇다고 시간이 지나면 지날수록 노동력이 줄어드는 시스템도 아니었다. 사업 구조가 대표가 잠시 자리를 비워도 수익이 나야 하나 대표가 없으면 회사가 제대로 돌아가지 않았다. 매출이 늘어도 지출이 같이 느는 구조라 이익에도 한계가 있었다. 결과적으로 사업이 커질수록 구조 자체가 가벼워져야 하는데 그 반대의 길을 가고 있었다.

난 이를 밑거름 삼아 사업이 커지면 커질수록 가벼워지는 구조의 새로운 비즈니스 모델 연구에 몰두했다. 하지만 진로 교육 콘텐츠라는 분야는 놓을 수가 없었다. 진로 교육과 전혀 다른 사업을 할 수도 있었지만 그동안 차곡차곡 쌓아 온 노하우와 노력이 모두 물거품이 된다는 사실이 두려웠다. 또 여기서 그만두면 진로 교육 사업으로 알게 된 모든 사람에게 내가 패배자로 남을지도 모른다는 생각에 자존심이 상했다. 바닥을 향해 추락하는 아이엔지스토리를 끝까지 지킬 수 있었던 건 바로 이 자존심 때문이었다. 실패한 강남구를 나 스스로가 도저히 받아들일 수 없었다.

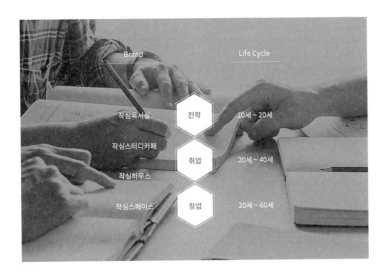

패배자로 인식되고 싶지 않았던 내 마지막 자존심은 군 복무 중에도 사업을 다시 일으킬 수 있었던 원동력으로 작용했다. 적어도 내가 실패해서 다른 사업을 하는 게 아니라 그래도 진로 교육이라는 연장선상에서 성공적으로 사업 방향을 전환(피봇)했다는 평가를 듣고 싶었다.

작심의 시초,
진로–진학–취업–창업 인생 사이클을 정리하다

난 지금껏 쌓아 올린 진로 교육 분야를 유지하면서 새롭게 변화를 줄 수 있는 아이템이 무엇인지 고민했다. 닥치는 대로 책을 읽고 노트에 생각나는 대로 무작정 아이디어를 적었다. 전역 즈음 그 노트를 다시 봤을 때는 말도 안 되는 아이디어도 있었지만 그만큼 절실했다.

그러다 문득 한 사람의 인생 그래프를 그려 봤다. 우리는 살면서 학창 시절 진로를 설정한 다음 동기 부여가 생겨 진학을 목표로 공부한다. 진학을 한 뒤 취업을 하게 되고, 취업해서 결국 나이가 들면 은퇴를 하면서 자연스럽게 창업을 하게 된다는 인생의 큰 흐름을 정리했다.

사실 그렇게 보면 전 국민이 회사든 개인사업체든 모두 CEO가 되는 것이다. 이 인생 사이클이 무척 흥미로웠다. 마치 신대륙을 발견한 기분이었다. 당시 아이디어를 정리하면 어찌 됐든 결과적으로 진로 → 진학 → 취업 → 창업이 한 사람의 공통적인 인생 사이클이었다.

그러면 그동안 진로 교육을 받은 학생들이 100만 명 정도 되니 그들이 진학 목표로 공부할 수 있는 학습 공간을 만들면 좋겠다

는 생각으로 이어졌다. 아이엔지스토리의 강의를 듣고 새로운 동기 부여를 받아 목표가 생긴 친구들이 자신의 꿈을 위해 학습하는 공간, 바로 독서실이었다. 그리고 더 나아가서 취업, 창업, 다시 진로와 연계된 것들을 하면 좋겠다는 아이디어도 무궁무진하게 꼬리를 물고 이어졌다.

때마침 당시 슈퍼가 편의점으로, 다방이 카페로 바뀌는 과도기를 겪는 상황이었다. 이 흐름을 잘 타서 독서실 역시 새롭게 변화시키면 성공 가능성이 있다는 큰 그림이 그려졌다. 과거의 어두컴컴하고 닭장처럼 수익을 극대화하기 위한 공급자 관점에서 만들어진 독서실이 수요자 중심의 세련된 공간으로 변화될 것이라는 미래가 확실히 보였다.

내가 티몬에 근무할 당시, 신현성 대표는 시장의 흐름이 빠르게 바뀔 때 그 성장 속도를 따라가지 못하면 이도저도 안 된다고 강조했다. 아무리 좋은 비즈니스 모델을 갖고 열심히 노력해도 시운이 따라 주지 않으면 성공하지 못한다. 한 분야의 개척자에게는 그 길이 수많은 시행착오를 겪어야 할 가시밭길이지만 이미 독서실 시장은 퍼스트무버First Mover들이 있으니 이들을 벤치마킹하면 시행착오 기간을 단축해 빠르게 성장할 수 있을 것이라는 희망적인 미래가 확실히 보였다.

독서실 시장 역시 공부 성향의 다양성을 존중해 조금씩 스타

일에 변화가 일어나고 있었다. 완전 개방, 반 개방, 반밀폐, 밀폐처럼 공간이 카페처럼 바뀌는 움직임이 보이는 초기 단계였다. 이런 변화로 말미암아 독서실은 결국 프리미엄 독서실로 진화될 것이라는 확신이 들었고 비록 군인의 신분이었지만 하루빨리 독서실 사업에 뛰어들어야만 했다.

난 군에서 정해진 일과가 끝나면 책을 읽고 사업 구상에만 몰두했다. 주말이면 공동창업자를 부대로 불러 자주 면회하면서 독서실 사업을 주제로 회의를 했다. 한 달에 전화비가 수십만 원이 나올 만큼 전화 통화로 사업계획서와 제안서까지 모두 군 복무 중에 완성했다.

이유 있는 관심 병사

인정한다. 난 군 생활을 그리 잘하지 못했다. 훈련소에서는 말도 전혀 하지 않았다. 군 안에서도 온통 회사 걱정뿐이었다. 난 군에서 기본적으로 해야 하는 훈련이나 일과 외에는 나머지 시간을 모두 사업 관련 책을 읽고 사회에 있는 공동창업자와 회의를 하는 데 전부 할애했다. 마케팅 관련 책부터 세계 100대 기업의 CEO 자서전을 모두 군에서 정독했다. 그 100명의 CEO가 추천하는 책들도 모조리 찾아서 읽었다. 남들이 잘 때도 난 북카페에 가서 책을 읽고 사업계획서를 다듬고 생각을 정리했다. 군에서 다독왕으로 뽑혀 포상 휴가까지 받을 정도였다. 평생 읽을 책을 군에서 다 읽었다고 해도 과언이 아니다. 보통 아침 기상 30분 전에 벨이 울리는데 나는 벨이 울리기 5분 전에 일어나 바로 옷을 갈아입고 책을 읽었다. 그 준비하는 5분의 시간도 아까워 그 전날 밤에 미리 다음 날 신을 양말부터 고무링까지 전부 관물대에 준비해 놓고서야 잠이 들었다.

그러다 보니 같은 소대원들과 대화를 나눌 공동 관심사가 없었다. 소소하고 유치한 장난을 받아들일 마음의 여유조차 없었다. 그렇게 난 모든 대원이 사고를 칠까 염려하며 주시하는 관심 병사가 됐다. 그리고 나의 뭐든 짚고 넘어가는 성격 역시 관심 병사가 되는 데 일조를 했다. "이해하지 마라! 그냥 하라면 해라!"고 하는 군대 방식이 마음에 들지 않았다. 모르는 건 하나하나 콕 짚어 질문했고 잘못된 건 바로잡으려고 했다. 그래서 더 문제였다.

내가 있던 부대는 평일에도 일과가 지나면 면회할 수 있었다. 난 이를 또 내 식대로 잘 이용했다. 매주 주말이면 공동창업자와 팀원 등은 물론이고 인테리어 업체와 같이 사업에 관련된 사람들을 불러 미팅을 하고 가속과 여자친구(지금의 아내)도 불러 내가 필요한 것들을 요청했다. 주말 이틀 동안 많을 때는

2~4팀 정도와 면회를 하며 독서실 사업을 추진했다.

간부들이 주말에 당번을 서는 날이면 대원들에게 쓰레기를 나르는 등의 잡다한 일을 시킨다. 난 면회를 하느라 이런 일들 대부분에서 제외됐다. 물론 내가 잡일을 피하려고 의도적으로 한 행동은 아니었지만 이 모든 게 다른 병사들에게는 불만이 있었고 결국 다들 나를 꺼리게 됐다.

군 복무 중 진행한 월간 〈톱클래스〉 인터뷰 기사가
네이버 모바일 〈JOB&〉판 메인에 노출되었다.

휴가를 나와서도 단 한 번도 편하게 놀아 본 적이 없었다. 휴가를 나오자마자 부대 앞으로 차를 불러 차에서 옷을 갈아입으면서 미팅 장소로 향했다. 휴가가 끝날 때까지 미팅으로 스케줄을 꽉 채우며 일을 하다 군에 복귀했다.

그런데 의외의 반전이 하나 있다. 난 비록 관심 병사였지만 야간 사격도 그 어렵다는 만발을 맞췄으며, 군대 대외 활동도 열심히 해 포상 휴가도 받았다. 한 예로 난 원래 근무 헌병 출신인데 수사 헌병으로 근무하면서 며칠 밤을 새워 만든 카드 뉴스로 우리 부대의 수사 장교가 상을 타기도 했다. 그래서 난 포상 휴가를

군에서 다독왕으로 뽑혀 포상 휴가까지 받을 정도였다.

받았다. 관심 병사 주제에 이런 공식적인 활동에서도 일반 병사보다 우위에 있었으니 실제 같이 생활한 병사들에게는 미움의 대상이 될 수밖에 없었다.

한편으로는 오로지 1년 9개월 동안 일이 아닌 군만 생각했다면 내 성격상 어쩌면 군에 도움이 되는 일을 많이 했을지도 모른다. 난 군 제대 이후의 삶을 생각해야만 했기에 나 나름대로 정해진 규율과 군법 안에서 그 선을 넘지 않고 아슬아슬한 줄타기를 하며 군 생활을 말 그대로 버텨 낼 수 있었다. 남들에게는 관심 병사로 낙인이 찍혔겠지만 그래도 난 내 상황에서 현명하게 잘 지냈다고 생각한다. 그 시절이 없었다면 지금의 작심은 아마 없었을 테니까 말이다.

PART 02

90년생 CEO
강남구의
유쾌한 승부수

작심, 독서실 시장을 재해석하다

자본금 240만 원으로 프리미엄 독서실, 작심 1호점을 내다

아이엔지스토리의 자금 사정은 그리 좋지 못했으나 그래도 내가 입대하기 전까지 빚은 없었다. 하지만 내가 전역할 때쯤 그동안 쌓이고 쌓인 빚이 2억 원이 넘었다. 전역 후 나를 맞이하는 2억 원이라는 큰 빚은 20대의 내가 감당하기엔 벅찼다.

난 전역 후에도 틈틈이 강의를 나가 돈을 벌었다. 대출, 투자와 같은 남의 돈에 의지하고 싶지 않았다. 좀 더 솔직히 말하면 그때 난 스물일곱 살이고 공동창업자는 스물네 살로 둘 다 어리고 경험이 없었기에 투자를 받는 방법을 몰랐고 그래서 생각조차 하지 못했다. 다행히 작심은 출발부터 반응이 좋아 자본금 1억 2,000만 원, 2억 1,000만 원, 3억 7,000만 원으로 증자하며 단단하게 사업을 꾸려 나갔다.

난 전역을 앞두고 미리 주변 사람들에게 프리미엄 독서실 사업을 시작할 것이라고 입소문을 냈다. 자본금이 턱없이 부족하니 지인들의 소개로 프리미엄 독서실 사업에 관심이 있는 사람들이나 건물주들을 소개받아 휴가 때마다 그들을 설득하러 다녔다. 당시 사업을 아직 시작하기도 전이었으니 그들에게 보여 줄 독서실 샘플 매장조차 없었다. 프리미엄 독서실, 작심의 실체는 그저 사업계획서에 3D 그림을 삽입해 프린트한 사업계획서 A4 용지 열 장이 전부였다. 샘플 매장 하나 없었고 게다가 유사 업종 관련 경력이 있던 사람도 아닌 내가 종이 몇 장 들고 와서 그들을 설득하는 상황 자체가 어이없었을 것이다.

난 그들에게 작심독서실이라는 유망한 비즈니스가 있는데 앞으로 이 시장이 크게 뜰 것이고 그 혜택을 가맹주에게 줄 것이니 우리가 기획한 공간 설계와 디자인으로 구현할 수 있도록 인테리어 비용을 지원해 달라고 당당히 제안했다. 인테리어 비용을 지불하면 우리가 계획한 작심을 그들의 공간에 구현해 간판을 내걸고 그렇게 발생하는 수익은 매월 로열티만 내면 모두 그들이 다 가져가는 계약 조건이었다. 내 겉모습만 보고 어린 나이에 무슨 사업이냐며 50명의 건물주들에게 문전박대도 당했다. 하지만 성공하리라는 확신이 있었고 될 때까지 시도해 보겠다는 의지가 강했다. 결국 난 이 제안을 흔쾌히 받아들인 51번째 건물주를 만나 정말 드라마처럼 계약을 성사시켰다.

그렇게 난 군대에서 작심의 사업계획서와 제안서 작성을 완성하고 군대 전역을 석 달 앞둔 2016년 6월, 청주에 프리미엄 독서실 브랜드 작심 1호점을 오픈했다. 내가 청주를 찾아갔을 당시, 해당 건물은 지상 3층, 지하 1층짜리로 3층에는 건물주가 거주하면서 1~2층을 어떻게 사용해야 할지 고민하던 차

프리미엄 독서실 '작심' 1호점 모습

군대에서 작심의 사업계획서와 제안서 작성을 완성하고 군대 전역을 석 달 앞둔
2016년 6월, 청주에 프리미엄 독서실 브랜드 작심 1호점을 오픈했다.

였다. 건물주는 치열하게 열심히 사는 내 모습이 본인의 어릴 적 모습을 보는 것 같다고 말하며 내 열정과 사업 가능성을 믿고 계약을 해 주었다. 사실 함께했던 직원들의 수고가 더 컸다. 실체도 없이 계획만으로 이런 제안을 한 나도 무모했지만 그런 나를 믿고 모험을 감행하는 사람이 있다는 사실에 벅찬 감격을 느꼈다.

그런데 작심의 인테리어 콘셉트는 기존 일반적인 독서실이 아닌, 영국 옥스퍼드 대학교의 보들리안 도서관을 본떠 고급스럽고 클래식하게 만들다 보니 인테리어 비용이 상당했다. 하지만 프리미엄 독서실 작심 사업의 성공을 위해서는 1호점의 디자인이 무엇보다 중요했다. 계획대로라면 초기 인테리어 비용이 3억 원 정도가 필요했는데 건물주는 이 비용을 선뜻 내주었다. 그 대신 로열티를 제외한 수익의 100퍼센트를 건물주가 가져가는 조건으로 작심 1호 점주가 되었다. 평소 '확신이 있다면 주변에서 좋은 기운이 돕는다'고 믿어 왔는데, 그 믿음이 현실이 되는 순간이었다.

이제부터 내 역할은 작심의 첫 매장이 우리의 계획대로 잘 구현될 수 있도록 최선을 다하는 일 뿐이었다. 난 우선 청주 작심 1호점 근처의 도서관을 찾았다. 시험 기간에 의자에 책을 놓고 바닥에 앉아 공부를 하는 학생들이 있을 정도로 자리가 부족했다. 여기서 난 이 지역에 독서실 사업의 시장성이 있음을 확신했다. 그리고 어르신들과 섞여서 공부하는 환경 자체가 기회로 보였다. 하지만 주변의 기존 일반 독서실의 이용 가격이 작심의 절반 수준이었다. 난 시험을 대비하는 학생들이라면 단기간에 최상의 환경에서 최고의 효율을 낼 수 있는 공간을 찾을 것이라는 확신이 들었고 그게 맞아떨어졌다. 2016년 6월, 그렇게 청주의 첫 프리미엄 독서실 작심은 우여곡절 끝에 문을 열었다. 작심은 3층 외관 전체가 독서실로 꾸며진 콘셉트의 독서실이었다. 동네 사람들은 물론이고 서울과 지방 각지에서 사람들이 건물 전체가 독서실로 된 작심 1호점을 보러 몰려들었다. 작심은 그렇게 성공적인 출발을 알리며 첫 달부터 약 700만 원의 수익을 냈다.

작심의 1호점 오픈 당시 기억은 아직도 생생하게 남아 있다. 작심을 하겠다는 건물주가 실제로 나타났지만 도저히 믿기지가 않았다. 건물주를 만나 의견을 주고받고 계약서까지 썼을 때도 '우리가 만든 브랜드를 믿고 정말 계약한 것일까?', '3억 원이라는 큰돈을 우리에게 정말로 입금할까?' 등 별의별 생각을 다했다. 실제 공사가 끝나고 작심을 오픈할 때까지도 기뻐할 마음의 여유조차 없었다. 우습게도 작심을 오픈한 내 인생 최고의 순간에 난 정작 군대에 있었다.

그리고 오픈 준비와 함께 무엇보다 중요한 일이 바로 마케팅이었다. 광고비가 없으니 청주 1호점을 준비하면서 회사 계정의

작심 독서실 1호점 현수막 떼는 강남구 대표

블로그에 열심히 포스팅을 했다. 사실 대부분의 프리미엄 독서실이 친환경 페인트에 인체공학적인 학생·사무 의자 전문 브랜드 시디즈 의자를 사용한다. 하지만 초기 작심은 클래식 인테리어라는 것밖에 내세울 게 없었다. 광고비도 없고 자금이 부족하니 클래식한 인테리어를 부각해 매일 글과 사진을 블로그에 올렸다. 사진이 무엇보다 중요하기에 사진 작가에게 의뢰해 좀 더 전문적인 사진으로 어필했다. 그 시기 마케팅이라고 할 수 있는 게 회사 계정의 블로그에 포스팅을 하는 것뿐이니 여기에 온 힘을 다해 매달릴 수밖에 없었다. 클래식한 인테리어를 강조한 '작심'은 학생들과 창업자들을 중심으로 빠르게 입소문이 나기 시작했고 뜻밖에 1호점 오픈 준비 중에 2호점과 3호점이 동시에 계약됐다. 3호점은 서울 교육의 메카, 목동에서 작심을 운영하겠다는 제안이 들어왔고 지방에서 서울권에 작심이 첫 진출을 하면서 더 많은 계약 문의가 쇄도해 2016년에만 10곳의 매장을 오픈했다. 그 성장세를 이어 나가 2017년에는 100호점, 2018년에는 200호점, 2019년에는 300호점의 매장을 오픈했으며 2020년에는 400호점(10월 현재)을 무난히 달성했다.

세계 석학들의 공부 환경을 담아
최고의 프리미엄 독서실 브랜드를 만들다

유학파 출신 공동창업자가 하버드, 옥스퍼드, MIT, 컬럼비아, 예일 등의 대학을 방문하고 경험했던 세계 석학들의 공부 환경을 프리미엄 독서실, 작심에 그대로 구현했다. 고풍스럽고 클래식한 인테리어 디자인을 넘어 세계 석학들의 공부 환경을 적용한 다양한 학습 공간을 경험할 수 있는 것이 특징이다.

ROOM 1 인포메이션 룸

학습자가 가장 먼저 만나는 작심만의 클래식한 콘셉트와 디자인을 단번에 느낄 수 있는 공간이다. 황동으로 된 작심 손잡이를 밀고 안으로 들어서면 청색을 띠는 고벽돌, 우아한 샹들리에, 기품 있는 고제나무로 꾸며진 작심의 시그니처 디자인을 만날 수 있다.

ROOM 2 보들리안 룸

영국의 보들리안 도서관에서 영감을 얻어 만들어진 오픈형 공간이다. 카페처럼 편안하고 개방적인 분위기로 주도적인 학습이 가능하며, 회원이 많이 찾는 공간 중 하나로 손꼽힌다.

ROOM 3 뉴케임브리지 룸

영국의 케임브리지 대학의 도서관을 콘셉트로 칸막이가 얼굴 높이까지 올라와 있어 개방감 및 개별 공간의 안락함을 동시에 느낄 수 있다. 책상 위 선반이 추가 설치돼 여유로운 수납 공간을 제공한다.

ROOM 4 뉴작심 룸

넓은 책상과 여유로운 공간이 돋보이는 프리미엄 독서실 작심의 시그니처 룸이다. 사방이 막혀 학습에 온전히 몰입할 수 있는 개인실이다.

ROOM 5 임페리얼 룸

자유로운 공간 속에서도 고요한 학습 분위기를 느낄 수 있는 세미-카페 스타일의 좌석이다. 낮은 칸막이를 통해 개방감과 분리감이 균형감 있게 구현된 공간이다.

ROOM 6 뉴시크릿 룸

해리포터와 비밀의 방 콘셉트로 완벽하게 분리된 개인별 학습 공간이다. 높은 집중도와 프라이버시를 중시하는 학습자에게 최적화된 공간을 제공한다.

ROOM 7 그룹스터디 룸

열띤 논의와 묻고 답함을 통해 역량을 키울 수 있는 공간으로 여러 명이 함께 효율적으로 공부할 수 있다. 커뮤니티 활동에 적합하며 목적에 따라 이용이 가능하다.

ROOM 8 휴게 공간

휴식과 간단한 음식을 즐길 수 있게 마련된 공간이다. 독서실 안에서 식사하고 차 한잔의 여유를 즐길 수 있다.

CHAPTER

07

전략이 없다면
기회는 오지 않는다

양적 우선 성장을 도모하는
작심의 세 가지 전략

2016년 청주에 작심 1호점을 오픈할 당시 경쟁사의 매장은 200여 곳이 넘게 운영 중이었다. 그 밖의 회사들 역시 20~30여 곳으로 빠르게 매장을 늘려 가며 급성장하는 시기였다. 나도 이렇게 프리미엄 독서실의 성장 시기에 열심히만 하면 이 파도를 자연스럽게 탈 수 있을 것이라고 직감했다. 그래서 난 프리미엄 독서실 시장의 성장 속도를 따라가기 위해 세 가지 핵심 전략을 세운 후 먼저 양적 성장을 우선으로 하여 사업을 이끌었다.

지방 우선 확장 전략

첫 번째가 바로 티몬에서 갈고닦은 지방 확장 전략이다. 사실 사업 초기에는 교육의 메카라 불리는 서울 대치동과 목동, 강남, 분당 등의 지역 확장에 집중했다. 목동은 운이 좋아 이미 작심의 3호점이 오픈한 시기였다. 하지만 계획대로 지점 개설 문의는 늘지 않았고 차선책으로 지방으로 방향을 틀었다.

'서울깍쟁이'라는 말을 많이 들어 봤지만 난 사업을 통해 그 말을 실감했다. 서울은 회사의 자본금이 얼마인지, 규모는 어떻게 되는지, 직원은 몇 명인지 등을 자세하게 따지고 이것저것 요구사항이 많았다. 난 자본금도 적고 서울에 번듯한 사무실이 아닌 공유오피스 2인실을 쓰는 데다 나를 비롯해 직원들의 나이도 어렸으니 그들의 까다로운 입맛을 맞추기란 여간 어려운 일이 아니었다. 하지만 지방은 좀 더 느슨하고 정이 많았다. 그리고 난 티몬에서 지방 확장 팀장으로 일하면서 실제 서울과 경기도에 비해 지방이 학구열과 소비 수준이 그리 낮지 않다는 걸 알았다. 지방 가맹점주는 나와 소주 한잔을 기울이며 "강 대표, 열심히 할 수 있어요? 도망가지 않을 거지요? 그럼 한번 해 보세요."란 대화만으로 나의 열정과 됨됨이를 보증 삼아 계약을 맺었다. 물론 그들이 내 패기 하나만 보고 계

군 전역 후 작심의 목동 3호점을 찾았다.

약한 건 아니다. 과거 티몬의 최연소 팀장과 그루폰 코리아 최연소 본부장, 그리고 베스트셀러 작가라는 나의 모든 경력을 보고 신뢰를 가졌고, 사업 아이템에 대한 가능성 또한 높게 평가했다. 그래서 작심은 지방에서 먼저 좀 더 빠르게 자리 잡을 수 있었다.

독서실도 하나의 교육 사업이다 보니 서울·경기에서 자리를 잡은 후 지방에서 문의가 오면 하나둘씩 지방으로 확장하는 순서가 일반적이다. 난 다른 독서실 브랜드들과 다르게 우리 회사 재정 사정에 맞춰 우선순위를 정하다 보니 자연스럽게 서울이 아닌 지방 확장 전략부터 집중한 것이다. 경쟁사가 교육열이 높은 수도권을 고집할 때 난 월세가 낮아 수익률이 유리한 지방부터 빠르게 확장해 브랜드 힘과 자본력을 먼저 키웠다. 사업 초기에 서울에서 자리를 잡지 못했다고 해도 섣불리 포기해서는 안 된다. 서울로 진입할 수 있는 길은 무궁무진하다.

그리고 난 부산과 대구, 제주 지역에 지사를 설립해 마케팅에 힘썼다. 돈이 많아서 지사를 설립한 건 아니다. 본사에 상담 문의가 오면 그 지역의 작심 가맹점주가 우리를 대신해 매장을 보여 주며 안내했고 난 소개비를 제공했다. 이로 인해 각 지역의 사무실 임대비와 인건비 등 사업 초기 투자비의 지출을 대폭 줄일 수 있었다. 이는 회사에 돈이 없었기에 가능했던 방법 중 하나다. 아이디어는 경험에서 나온다고 하지만 이렇게 돈이 부족한 상황에서 어떻게든 생존하기 위해 고민하면 뜻밖의 좋은 아이디어가 나온다. 그래서 돈이 없다고 나쁜 것만은 아니다. 돈이 많을 때보다 돈이 없을 때 살아남아야 한다는 절실함에 생각의 밀도가 더 높아지고 더 번뜩이는 아이디어가 도출되기도 한다.

그렇게 난 작심의 성공 가능성을 알아봐 준 이들 덕분에 지방에서 성공적으로 자리 잡으며 사업성을 검증했다. 2019년 작심은 7대 광역시·도 중 부산, 울산, 대구, 인천, 광주, 제주도 등 6곳의 시장 점유율 1위를 빠르게 거머쥐었다. 난 이렇게 우선적으로 지방에서 점유율을 끌어올린 다음 역으로 서울과 경기로 침투하는 전략으로 작심을 확장해 나갔다. 지방에서 탄탄하게 자리를 잡으니 서울과 경기도 입성에는 큰 어려움이 없었다. 오히려 이미 검증된 사업이니 더 쉽게 수도권 점유율을 높일 수 있었다.

지방에서 시작해서 수도권으로 침투한 전략은 작심을 수도권에서 더욱 빠르며 넓게 뿌리내릴 수 있는 양질의 토양이 돼 주었다. 지방에서 작심을 확장하며 인적이 드문 이면도로의 건물이나 낡은 건물, 신도시 건물 등 수많은 경우의 수를 다양하게 테스트할 수 있었다. 이런 온갖 사례의 성공 경험을 바탕으로 서울로 확장하니 상대적으로 지방보다 여건이 좋은 수도권에서는 사업을 펼치기가 한결 수월했다. 지금도 작심은 성공에 대한 확신이 있기에 메인도로의 멋진 건물보다는 이면도로의 건물을 더 선호한다. 5층 건물이

건물주는 치열하게 열심히 사는 내 모습이 본인의 어릴 적 모습을 보는 것 같다고
말하며 내 열정과 사업 가능성을 믿고 계약을 해 주었다.

지만 승강기가 없는 건물까지도 성공했기에 이제는 웬만한 건물은 딱 보면 성공 여부가 보일 정도다.

스토리텔링 전략

두 번째가 바로 스토리텔링이다. 독서실 사업 계획부터 난 스타벅스처럼 고객의 마음을 움직이는 스토리텔링 마케팅을 고민했다. 그 당시 독서실 브랜드는 열이면 열 모두 특색 없이 모던한 스타일이었다. 난 여기에 작심만의 스토리텔링을 더했다. 작심을 함께 계획한 공동창업자 역시 유학파 출신이었고 난 영국 옥스퍼드 대학교의 900년 역사가 있는 보들리안 도서관 콘셉트로 차별화 전략을 펼쳤다. 그리고 카페처럼 개방된 공간에서 공부하길 원하는 사람, 조용히 혼자 밀폐된 공간에서 공부하고 싶은 사람 등 개개인의 성향에 맞는 다양한 클래식 콘셉트의 스터디 공간을 인테리어로 새롭게 풀었다. 작심은 모던하고 진부했던 독서실 시장에서 업계 최초로 클래식한 인테리어를 선보여 초기부터 큰 주목을 끌었다. 만약 다른 독서실과 같은 모던한 인테리어를 추구했다면 아마 초기부터 살아남기 힘들었을 것이다. 또 공동대표가 유학파 출신이니 유학파 출신이 만든 독서실 브랜드로 브랜딩을 했다. 그렇게 작심은 누군가가 선망하는 브랜드로 고급스럽고 진동직이며 희구직인 이미지를 구축했고 이런 스토리텔링이 빠른 성장의 동력이 됐다.

간단명료 · 가성비 중시한 합리적인 창업비 전략

세 번째는 바로 단순하고 가성비 높은 창업비용이다. 대부분의 독서실 브랜드는 평당 270~400만 원대의 인테리어 비용을 받아 수익을 남길 때, 난 역발상 전략을 펼쳤다. 그 당시 가장 낮은 창업 비용이 추가 비용을 제외하고 평당 270만 원이었는데 작심은 인테리어, 냉난방기, 가구, 전자레인지와 냉장고, 커피머신과 PC, 여기에 내외부 간판까지 포함해 인테리어 비용을 평당 230만 원으로 대폭 낮췄다.

독서실 사업은 규모가 커서 창업비가 비싸 보이지만 비교적 작은 평수의 잘나가는 카페 프랜차이즈는 평당 창업비가 약 500~700만 원이 넘는다. 그에 비하면 작심의 창업비용 꽤 낮은 수준이었다.

난 이보다 비용을 더 낮추려고 맞춰 봤지만 그 당시 작심이 추구하는 학습 환경과 서비스를 충족하기 위해서는 가장 적정한 비용이었다. 초창기 대부분 프리미엄 독서실 브랜드는 창업비가 비쌌다. 프리미엄 독서실 사업을 하는 경쟁 회사가 많이 없다 보니 창업비가 높게 책정된 것이다. 그렇다고 작심의 자재가 경쟁 업체가 쓰는 자재들보다 떨어지는 것은 결코 아니다. 경쟁 업체와 비슷하거나 같은 자재를 썼다. 심지어 더 품질이 좋은 의자, 책상, 조명 등을 사용했다.

오픈 준비 중인 작심 독서실 인테리어 시공 현장

작심은 서울이 아닌 지방에서 1호점을 낸 사례다. 그러다 보니 실질적으로 서울이 지방보다 생활수준이 높고 땅값도 비싸니 독서실 이용료도 지방에 비해 높다. 무엇보다 중요한 원금회수율을 고려하지 않을 수 없었다. 창업 시 인테리어 비용이 많이 들어가면 원금회수율이 나오지 않는다. 결국 작심은 어쩔 수 없이 인테리어 비용을 원금회수에 맞춰 자재를 정했고 경쟁 업체들에 비해 많게는 1.5~2배 정도 낮게 책정됐다. 그리고 난 독서실 시장이 커피 시장과 같은 길을 갈 것이라고 예측했다. 결국 나중에는 인테리어 마진 없이 카페 유통으로 수익을 버는 구조 말이다. 유통 수익을 내는 비스니스로 살 것이 눈에 보였다. 그래서 인테리어 거품을 최대한 제거하고 가성비를 고려해 높은 수준의 인테리어를 업계 최저의 창업비용으로 제공했다. 실제로 커피 프랜차이즈를 보면 간판만 갈아 주는 곳도 많고 인테리어 비용도 말도 안 되게 싸게 책정해 매장을 빠르게 넓히는 곳도 있지만 장기적으로 봤을 때 얕은 수를 쓰고 싶지 않았다. 평당 공사비 외에 별도 비용은 받지 않고 평당 가격 안에 대부분을 포함해 창업비를 단순하게 만드니 가맹점주들 역시 부담 없이 참여했다. 난 사실 클래식한 인테리어 콘셉트가 마음에 들어 작심을 선택한 사람도 있지만 무엇보다 창업비가 단순하고 합리적이었기에 지점이 급속하게 늘었다고 생각한다.

이는 모두 작심 초기 전략으로 잘 나가는 기업들의 책을 통해 그중에서 가장 효율적인 전략을 펼친 것이다. 매장 확장은 인력이 없다 보니 이디야커피나 맘스터치 전략으로 한 블록 옆이지만 성과 있는 자리로 들어갔고 브랜딩 전략은 스타벅스 전략을 펼쳤다.

그리고 월마트처럼 수만 가지의 물건을 선보인 게 아니라 코스트코 전략처럼 어렵게 계산하지 않아도 될 만큼 창업비용을 단순하게 설정했다.

이런 차별화된 핵심 전략으로 작심은 남들이 10년 동안 쌓아야 할 것을 1년 만에 따라갈 수 있었다. 결과적으로 작심은 성공적인 양적 성장을 이루었고 4년이 지난 2020년 10월 현재 전국 지점 400여 개 오픈 및 계약, 약 300억 원이라는 의미 있는 결과를 얻으며 명실상부 독서실 업계 1위의 자리를 굳건히 지키고 있다.

가성비

◆ 인테리어 거품을 제거하고 업계 최저 창업비용으로 제공함
◆ 인테리어 비용의 대부분을 평 단가 안에
  전부 포함하여 단순하게 판매함

**스토리
텔링**

◆ 모던하고 진부했던 독서실 시장에서 업계 최초로
  클래식한 인테리어를 선보임
◆ 영국 옥스퍼드 대학교 보들리안 도서관과 유학파 출신
  창업자 등의 스토리텔링을 함

**지방 우선
확장**

◆ 경쟁사가 교육열이 높은 수도권을 고집할 때 작심은
  월세가 낮아 수익률이 유리한 지방에서 빠르게 확장하여
  브랜드파워와 자본력을 키운 후 수도권으로 진입함
◆ 이용료와 학구열이 낮은 지방권에서 성공을 거두며
  사업성을 검증함
◆ 7대 광역시 중 6곳에서 시장 점유율 1위

독서실 · 스터디카페에 대한 재해석

작심만의 가볍고 빠른
확장형 직영 시스템 전략

난 초기부터 실제 지속 가능한 수익을 만들기 위해 이런 작심만의 확장형 직영 시스템 전략을 펼쳤다. 가맹점은 오픈하면 단발적으로 인테리어 마진이 남지만, 그것으로는 회사가 지속 가능하지 못했다. 매월 가맹점에서 받는 사용료와 직영점에서 나오는 수익, 그리고 유통 수익 등이 합쳐져야 탄탄하게 성장할 수 있다고 판단했다. 그 때문에 작심의 직영점을 많이 만들어야 했고, 인테리어 비용과 월세와 같은 고정비 등 투자비용이 최대한 덜 들어가는 직영점의 형태를 고민했다. 그렇게 해서 나온 작심만의 확장형 직영 시스템이 바로 '공동투자 위탁경영' 모델이다.

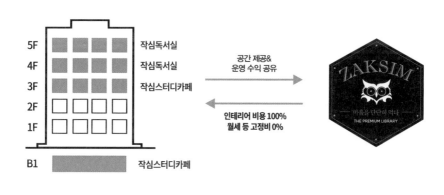

가볍고 빠른 오프라인 모델

'공동투자 위탁경영'은 건물주 투자, 본사와 50:50 투자, 본사 100퍼센트 투자 등 총 세 가지가 있다. 사업 초기 포트폴리오가 없을 때는 건물을 임대해 보증금과 월세를 내면서 사용했다. 점차 회사가 성장하다 보니 건물주의 문의가 늘어 선별 후 상기한 세 가지 조건 중 최선의 운영 방식을 결정한다. 현재는 건물주 운영 시 건물주 100퍼센트 투자 방식을, 본사와 50:50 투자 또는 본사 100퍼센트 투자의 경우에는 보증금과 월세는 내지 않고 수수료로 지급하거나 운영 수익을 상권에 따라 영업 이익 기준으로 배분한다.

작심은 이렇게 오프라인 사업의 리스크를 최소화하고 고정비 부담을 낮출 수 있는 직영 방식으로 고정적인 수익을 발생시켰다. 매장 수가 늘어나면 그에 따른 고정비가 비례하여 늘어나는 다른 오프라인 직영점과 달리, 작심은 10층 이하 꼬마빌딩의 고층 공실을 해결하고 건물주와 함께 수익을 나눠 공유하는 모델을 개발한 것이다.

난 남들은 수익성이 없다고 두려워하는 지역에 위험 부담을 감수해 가며 과감히 작심 직영점을 만들었고, 상권과 매출 등의 수익을 먼저 검증한 뒤 매장을 여러 개 가지고 있는 가맹점주들에게 제공했다. 가맹점주가 안정적이게 작심을 운영할 수 있도록 밑바탕을 다져 놓는 것이었다.

자본금 여력이 없는 상태에서 사업을 빠르게 확장하려니 난 그

대안으로 이면도로의 꼬마빌딩에 집중했다. 독서실 사업은 가장 큰 지출인 임대료와 같은 고정비를 줄여야 이익이 나는 구조다. 다른 독서실 브랜드들은 임대료가 비싼 대로변의 건물로 나오는 경우가 종종 있다. 본사의 마케팅 홍보 수단으로 대로변에 자리를 잡는 건 장기적으로 보아도 모두에게 도움이 되지 않는다. 난 창업 초기부터 항상 이 생각으로 회사를 키웠고 이 초심이 지금의 작심을 성장시키는 데 많은 도움이 됐다. 난 작심을 운영하는 가맹점주들이 수익이 날 수 있는 구조를 만들어 줘야 했고 그래서 임대료가 비교적 저렴한 이면도로 건물을 찾았다. 그 당시 대로변에 지점을 만든 독서실 브랜드들은 현재 경제적으로 어려움이 크다는 소식이 심심찮게 들린다. 작심 역시 홍보 수단으로 도로변 건물로 나갔다

면 폐점도 많았을 것이다. 요즘은 공실이 많아져 대로변 건물들도 좋은 조건으로 제안이 들어와 검토하는 건물이 속속 생겨나는 추세다. 하지만 시장이 변화한다고 해서 무리하게 모험은 하지 않는다. 리스크 관리를 꽤 보수적으로 한다. 지금껏 그래왔듯 욕심 부리지 않고 리스크 관리를 하여 안정적으로 경영을 지속할 계획이다.

작심은 전국 400곳(2020년 10월 현재)의 매장을 통해 그동안 쌓아 온 데이터가 충분하니 이면도로에 들어가도 회전율을 생각했을 때 건물주가 놓은 임대에 대비해 수익률이 월등히 좋았다. 이면도로 건물이라도 철저히 상권 분석을 한 뒤 들어가면 성공할 수 있다. 현재는 수도권과 지방의 작심 분포율은 37:63이며, 앞으로도 지속적으로 지방에 좀 더 촘촘하게 들어갈 계획이다.

내 타깃은 남들이 선호하는 지역, 남들이 다 가지고 있는 뻔한 고객이 아니라, 공간이 프리미엄한 것을 넘어서 작심만의 인터넷 교육 강의 콘텐츠라는 강점을 보고 찾아와 준 고객이다. 이를 통한 사교육비 절감이 작심이 추구하는 핵심 가치이며 결국 실질적 교육의 평등을 이루는 것이 최종 목표다. 그래서 작심은 학원가를 넘어 교육 시설이 부족한 지역으로 더욱 촘촘하게 확장해 나가 누구나 어디에서든 양질의 교육 콘텐츠를 제공받을 수 있는 자기주도 학습의 공간을 지향한다.

이렇게 작심은 2016년 6월에 연 1호 가맹점을 시작으로 지속적으로 확대하며 2020년 10월 현재 400여 곳의 지점을 운영하고 있다. 여기에 프리미엄 고시원 '작심하우스', '작심스터디카페', 공유 오피스 '작심스페이스' 등도 함께 운영하면서 2019년 연 매출 189억 원을 기록했다.

작심이 이렇게 단기간에 고속 성장할 수 있었던 성공 요인은 바로 집요한 시장조사에 있다. 난 이 시장에서 작심이 확실히 성공할 수 있는 기회의 조건을 네 가지로 설정했다. 그 첫 번째가 바로 부동산이다. 오늘날 부동산 산업은 고성장기에서 저성장기로 돌입하면서 공급이 수요를 초과한다. 이에 따라 높은 공실률을 해결하기 위해 임대 수익보다는 좋은 콘텐츠의 업종을 입점해 운영 수익을

고성장기			저성장기		
시행	시공	분양/매매	임대관리	금융	개발/리모델링

고성장기의 주요 사업군

◆ 공급이 수요를 따라가지 못해 공실률이 낮음
◆ 목적으로 분양과 매매를 진행하는 시행사/시공사들이 성장
◆ 공실률이 낮기 때문에 운영수익보다는 임대수익에 초점을 맞춘 건물 운영

저성장기의 주요 사업군

◆ 공급이 수요보다 많아져 공실률 높음
◆ 공실을 해결할 수 있는 부동산 임대관리 서비스 업체가 등장
◆ 레버리지를 통해 건물을 사는 리스크를 낮추기 위해 건물 내에 높은 운영수익을 올려주는 키 아이템이 중요해짐

부동산 산업의 진화

올리고 건물의 가치는 높이는 임대관리 서비스의 중요성이 부각되고 있다. 다시 말해 부동산 공급이 수요보다 많아지면서 건물에 입점하는 키 아이템이 무엇보다 중요해진 것이다. 놀고 있는 자산을 효율적으로 운영할 수 있는 콘텐츠에 대한 요구는 앞으로 더욱 강해질 것으로 보였다. 우버는 직접 소유한 차량 한 대 없이 운송 서비스를 성공시켰고, 에어비앤비 역시 건물 한 채 없이 숙박 서비스를 제공했다. 이처럼 앞으로 이어지는 저성장기에는 공급 과잉으로 남아도는 부동산을 효율화하는 기업의 가치가 상승할 것이라고 확신했다. 난 그렇게 고층의 공실에 입점해 안정적인 수익을 창출할 수 있는 콘텐츠로 작심의 수익성을 증명했다. 한 달 이상 장기로 계약하는 고객이 많으며 부동산 임대 수익과 비슷한 성격을 지닌 것도 작심의 지속 가능한 성공 키워드가 됐다.

두 번째는 다방이 카페로 바뀌고 슈퍼가 편의점으로 바뀌는 것처럼 어둡고 좁았던 독서실이 프리미엄 독서실로 변화하는 흐름이었다. 다방 역시 유동인구가 많음에도 폐쇄적이고, 커피의 질보다는 모임 공간 제공에 목적을 둔 곳이 많았으나 점차 개방적이고 오픈된 분위기의 카페로 변모되었다. 즉, 고품질의 커피 원두와 세련된 공간이 카페의 성공을 이루는 경쟁력이 됐다. 또 개인의 경험과 노하우에 기반을 둔 상품 배치와 서비스보다는 판매 복석인 뭉네 슈퍼가 데이터에 의해 최적화된 물품 배치와 경쟁력 있는 상품·

다방

- ◆ 유동인구가 많음에도 폐쇄적 분위기
- ◆ 커피의 질보단 모임 공간 제공 목적

카페

- ◆ 개방적이고 오픈된 분위기
- ◆ 고품질의 커피와 세련된 공간 제공

동네슈퍼

- ◆ 개인의 경험과 노하우에 기반한 물품 배치
- ◆ 서비스보단 물품판매 자체에 목적

편의점

- ◆ 데이터에 의해 최적화된 물품 배치
- ◆ 경쟁력 있는 물품과 깔끔한 디자인

일반 독서실

- ◆ 어두컴컴하고 비좁은 분위기
- ◆ 낮은 이용료
- ◆ 최소화된 공용 공간
- ◆ 회원 DB 관리 없음

프리미엄 독서실

- ◆ 깔끔하고 개방된 분위기
- ◆ 합리적인 이용료
- ◆ 넓고 쾌적한 라운지와 다과 제공
- ◆ 회원 DB 관리

공간산업의 진화

깔끔한 인테리어의 편의점으로 넘어가는 과도기였다. 독서실 시장 역시 그 변화의 흐름과 함께하고 있었다. 2014년 6월 현재 3,263개였던 국내 독서실 수는 2017년 12월 현재 4,233개로 25.1퍼센트의 높은 성장률을 보였고, 그중 약 1,100개의 신규 독서실이 프리미엄 독서실로 변화되었다. 더욱이 독서실 시장은 과거의 어두컴컴한 공급자 중심에서 닭장처럼 수익을 극대화하는 관점에서 만들어진 독서실이 수요자 중심의 세련된 공간으로 변화될 것이라는 게 확실히 보였다.

난 작심을 계획하며 수많은 독서실 브랜드를 분석했다. 그 당시 기존이나 새로 생겨나는 독서실들의 콘셉트는 모두 모던한 분위기였다. 차별화 전략이 필요했고, 영국 옥스퍼드 대학교의 900년 역사가 있는 보들리안 도서관 콘셉트로 작심만의 스토리텔링을 더했다. 그리고 나와 함께해 준 공동 창업자, 홍승환 이사의 유학파 출신 콘셉트를 내세워 유학파 출신이 만든 프리미엄 독서실로 누구나 갖고 싶은 브랜드를 만들었던 게 빠른 성장 동력으로 작용했다.

세 번째는 10대 학령인구는 지속적으로 감소하고 있지만 그에 반해 신입 사원 평균 연령은 31세로 오히려 높아지고 있다는 점이었다. 신입 사원의 평균 연령 또한 높아지면서 스펙을 준비하고 자격증을 공부하는 학령기간 역시 함께 증가했다. 취업에 성공하더라도 공무원 시험을 준비하거나 추가적인 자격증을 취득하기 위해

장기적인 학습 환경이 필요해졌고, 이에 따른 안정적인 수요 확보는 프리미엄 독서실 운영 환경에 유리하게 작용했다.

그리고 마지막 네 번째는 사교육 시장 변화의 흐름이었다. 2012년 현재 오프라인 사교육 시장은 약 16조 4,000억 원이고 온라인 교육 콘텐츠 시장은 약 2조 6,000억 원이었으나 전문가들은 미래에는 양쪽 시장이 비슷해질 것이라고 예상했다. 온라인 교육시장은 2012년 전체 사교육 시장의 13.7퍼센트에서 2016년 4년 만에 19.3퍼센트로 성장하며 기존의 전통적인 오프라인 학원 시장을 대체해 나가고 있었다. 난 온라인 교육 콘텐츠를 소비하는 공간을 작심과 같은 프리미엄 독서실이 대체할 수 있다면 온라인 교육 콘텐츠 시장이 커지면 커질수록 독서실도 같이 성장할 수 있을 것이라고 예측했다.

학령인구 감소 추이

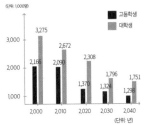

신입사원 평균연령

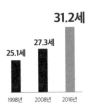

취준생·직장인 11.4% '공시생'

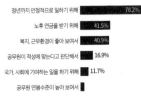

자료: 통계청 인구동향과(2011). 장래인구추계.

인구 변화에 따른 고객의 수요

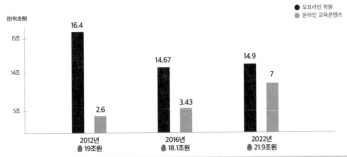

목록	2012년	2016년	2022년(추정)
온라인 교육콘텐츠	2.6조원(13.7%)	3.43조원(18.9%)	7조원(31.9%)
오프라인 학원	16.4조원(86.3%)	14.67조원(81.1%)	14.9조원(68.1%)
전체 사교육시장	19조원(100%)	18.1조원(100%)	21.9조원(100%)

사교육 시장의 흐름

교육 시장의
넷플릭스를 꿈꾸다

영화 시장보다 큰 교육 시장에
왜 넷플릭스 같은 회사가 없을까?

난 이렇게 면밀한 시장조사를 바탕으로 좀 더 확신을 가지고 작심을 빠르게 키워 나갔다. 시설 투자비에서 남는 인테리어 수익은 단발성에 그친다. 더욱이 난 인테리어 전문가가 아니고 독서실 사업에 대한 경험도 전무했기에 인허가 규정부터 공사 시공업체 선정과 자재 선정 등에서 시행착오도 많았다. 하지만 성격상 내가 모르는 분야도 겁먹지 않고 몸으로 직접 부딪치며 배워야 직성이 풀렸다. 그리고 끝까지 해내고 말겠다는 끈질긴 근성이 있었기에 어떻게 해서든 구조를 만들며 숱한 어려움에도 포기하지 않고 달려오니 지금의 작심이 된 것이다.

이제 난 좀 더 작심을 크고 단단하게 키우기 위해 계획을 주도면밀하게 세웠다. 지속 가능한 기업이 되려면 지속 가능한 수익을 창출할 수 있어야 하기 때문이다. 시설로 경쟁해서는 오래가지 못한다는 것을 진작 깨달았다.

그러다 난 PC방과 만화방 구조에 대해 생각했다. 우후죽순으로 생겨나는 다른 독서실이나 스터디카페와 차별화하려면 PC방과 만화방처럼 원하는 공부를 뭐든지 할 수 있는 온라인 교육 콘텐츠를 접목시켜야 했다. PC방은 한 시간의 비용을 내면 자기가 하고 싶은

PC방 ➡ 멀티플렉스

| 게임사 | 게임 공급 ⟶ / ⟵ 게임 수급 | **PC방** | 서비스 제공
각종 게임, 음식 등 ⟶ / ⟵ 이용료 지불 | 고객 |

만화방 ➡ 만화방+북카페

| 출판사 | 도서 공급 ⟶ / ⟵ 도서 수급 | **만화방** | 서비스 제공
각종 책, 다과 등 ⟶ / ⟵ 이용료 지불 | 고객 |

독서실 온/오프라인 자기주도학습 공간+카페

| 온라인
교육 콘텐츠
회사 | 콘텐츠 공급 ⟶ / ⟵ 콘텐츠 수급 | 독서실 | 서비스 제공
각종 콘텐츠, 학습 공간 등 ⟶ / ⟵ 이용료 지불 | 고객 |

독서실 · 스터디카페에 대한 재해석

모든 게임을 할 수 있다. 만화방도 마찬가지다. 이처럼 작심에 오면 자기주도학습을 하는 사람들이 공부하고자 하는 과목의 모든 콘텐츠를 들을 수 있다면 실질적인 교육의 평등을 이루어 낼 수 있고 우리 지역 안의 모든 사교육 문제를 작심에서 해결할 수 있겠다는 생각이 들었다. 이는 넷플릭스처럼 월 구독형 서비스와 같은 구조다. 일반적인 독서실이 좌석을 구매해 단순 공간만을 제공하는 것이라면, 작심은 독서실 이용료만 지불하면 등록 기간 동안 원하는 교육의 인터넷 강의를 마음껏 수강할 수 있다.

난 독서실이 온라인 교육 콘텐츠를 소비할 수 있는 오프라인 공간으로 대체 가능하다면 작심이 자기주도학습 공간으로서의 오프라인 학원 역할을 할 수 있다고 내다봤다. 또 자기주도학습의 소비 패턴을 바꾸는 콘텐츠 프로바이더로 반드시 성장할 것이라고 예측했다.

넷플릭스처럼 무제한으로 온라인 교육 콘텐츠를 제공하면 대입을 준비하는 수험생부터 취업준비생, 영어공부나 자격증 취득을 목표로 하는 모든 이들의 사교육비를 절감할 수 있다. 그리고 그들에게 작심의 핵심 가치인 지금 이 시기에 욕심껏 공부하는 게 사치가 아니라는 것을 알려 주고 싶었다. 실제 작심의 주요 사용자는 주로 20~30대 공시생(공무원 취업 준비생), 취준생(취업 준비생)이다. 고객의 약 65퍼센트는 학생이고 약 35퍼센트는 성인이다.

난 작심의 온라인 교육 콘텐츠도 학생들이 점점 많이 듣게 되면 유통 플랫폼으로서 역할을 할 수 있다고 내다봤다. 기존 B2C^{business to consumer}(기업과 소비자 간의 거래) 시장에서 온라인 교육 강의 콘텐츠는 비싸다. 그런데 B2B^{Business to Business}(기업과 기업 간의 거래)로 거래하면 강의료를 대폭 할인받을 수 있다.

이런 시스템이 표면적으로는 교육 콘텐츠 회사가 자칫 손해를 보는 것처럼 보이겠지만, 실제 기업이 작심에게 온라인 강의를 할인해 주더라도 이 강의를 듣는 고객이 늘어나면 늘어날수록 이 강의에 맞는 교재 역시 같이 팔리게 된다. 교재 수익은 온전히 온라인 교육 회사가 가지고 가는 것이기에 시너지 효과를 낼 수 있다. 또 교육 회사는 작심에 콘텐츠를 단순히 할인해서 공급한다고 생각할 수 있지만, 교육 회사가 직접 콘텐츠를 판매했을 때 마케팅이나 광고비를 고려하면 비슷한 수준이나 또는 더 나은 구조로 작심에 유통되는 효과를 볼 수 있다. 이 외에도 성인교육 콘텐츠 회사는 고등학생들에게 미리 그들의 콘텐츠를 경험 및 노출할 수 있는 기회가 되기도 한다.

작심이 국내 독서실 시장에서 단단한 뿌리를 내리며 빠른 성장할 수 있었던 것은 이렇게 작심을 단순히 독서실이라는 공간 형태로 풀지 않았다는 점이다. 작심은 독서실이 지닌 가치로 사업을 풀었기에 고객을 위한 혜택 및 서비스의 아이디어가 무궁무진하게 가지를 뻗어 나가며 콘텐츠 프로바이더Contents Provider로 성장할 수 있었다.

　작심에 오면 책으로 공부만 하는 것이 아니라 원하는 온라인 교육 콘텐츠를 무료로 들을 수 있고, 질 좋은 커피와 차, 과자 등을 맘껏 즐길 수 있다. 카페에서는 오랜 시간 머물면 눈치를 보며 커피를 계속 시켜야 하지만, 작심에서는 이런 불편함 없이 원하는 것을 모두 즐길 수 있다. 난 이런 특화된 서비스로 작심을 잠깐 책을 보러 오는 곳, 회사 업무를 간단히 처리할 수 있는 곳으로 만들어 카페와 중첩되는 대상까지 고객으로 끌어올 수 있는 새로운 개념의 콘텐츠 프로바이더 모델로 성장시키고 있다. 최근 대형 건물과 1층 건물에도 지점 개설 문의가 들어오면서 이러한 시장을 성공적으로 테스트하고 있으며, 앞으로 점차 수도권으로도 확대해 나갈 계획이다.

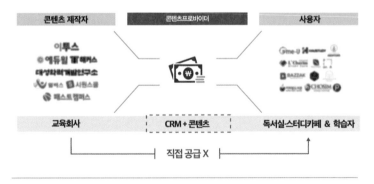

교육업체와 고객들을 락인하며 콘텐츠 프로바이더 모델을 만들어 나간다

고객 중심의 온라인 교육 콘텐츠로
선순환의 고리를 만들다

이런 작심만의 콘텐츠 프로바이더 전략은 아마존 성장의 핵심 동력이 된 '플라이휠Flywheel' 전략과 일맥상통한다. 플라이휠은 동력 없이 관성만으로 회전운동을 하는 자동차 부품으로, 처음에는 엄청난 추진력이 필요하지만 한번 가속도가 붙으면 관성으로 계속 돌아간다. 아마존 플라이휠 전략의 돌고 도는 각 단계를 이어 주는 고리가 바로 '고객 경험'인데, 작심 역시 학생들이 원하는 온라인 교육 콘텐츠를 통해 고객 만족도를 높이자 이는 곧 고객 유입의 증가, 그리고 가맹점주의 수익 증대로 이어졌다. 자연스럽게 가맹 문의가 급증했으며 결국 작심의 매장 수도 함께 늘어나는 선순환의 고리가 만들어졌다. 이런 지속적인 선순환 구조는 더 좋은 온라인 교육 콘텐츠를 공급할 수 있도록 만들어 주었고 독점 계약된 교육 콘텐츠로 동종 및 유사 업계에서 따라올 수 없는 고객 만족도와 결정적인 혜택 차이를 만들어 진입 장벽을 높인 것이다.

사실 사업 초기에 난 작심의 고객이 가맹점주라고 생각했다. 대부분 브랜드들이 그랬을 것이고 나 역시 그랬다. 그래서 작심의 온라인 교육 콘텐츠는 고객 중심보다는 가맹점주에게 보여 주기 식의 홍보 수단일 뿐이었다. 학생들이 그 당시 작심에서 제공하는 온

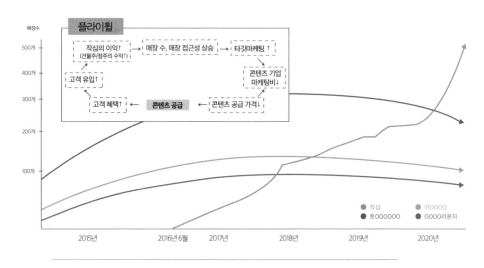

콘텐츠 공급 선순환 구조로 시장 1위 달성, 독주 체제를 만들다

라인 교육 콘텐츠를 잘 듣지 않는 다는 걸 알았지만 차별화된 서비스가 필요했기에 그저 끼워 넣기 식으로 운영했던 것이다.

난 본격적으로 콘텐츠 프로바이더 전략을 앞세우면서 고객 정의를 다시 내렸다. 작심의 고객은 가맹점주가 아닌 최종 소비자, 즉 독서실과 스터디카페를 찾는 학생들이었다. 브랜드의 생사가 판가름 나는 것은 결국 고객의 평가이기에 어떤 서비스든 첫째도 고객, 둘째도 고객, 셋째도 고객을 중심에 두었다. 그리고 난 고객에게 어떻게 하면 더 좋은 서비스를 제공할 수 있을지에 대해 몰두했다. 그 답은 바로 학생들이 진정으로 원하는 인기 온라인 교육 콘텐츠를 제공하는 것이었다. 그렇게 작심은 타 브랜드들에서는 들을 수 없는 유명 온라인 교육 콘텐츠를 선보였고 자연스럽게 고객이 늘어났다. 고객 만족도가 향상되면서 작심이 지역별로 촘촘히 생겨나니 접근성도 따라 높아졌고 곧 작심은 건물주들의 안정적인 임대 아이템으로 자리 잡게 됐다.

여기서 중요한 것이 있다. 타 브랜드들은 독서실을 찾는 학생들이 실제 온라인 교육 콘텐츠 서비스를 잘 이용하지 않는다고 말한다. 교육 분야를 잘 모르는 사람들은 이 말을 사실이라고 믿는다. 아직도 독서실 업계에서는 가맹점주를 고객으로 정의하고 사업을 하는 사람이 대부분이다(사실 99.99퍼센트라고 말하고 싶다). 학생들이 독서실에서 온라인 강의를 잘 듣지 않는다는 건 유명하지 않는, 다시 말해 학생들에게 인기가 없는 강의만을 제공하기 때문이다. 실제 열 명 중에 일곱 명이 듣는 강의를 제공하면 듣지 않을 이유가 없다. 대부분은 100명 중 한 명도 채 듣지 않는 강의를 제공하면서 학생들이 온라인 강의를 듣지 않는다는 주장을 내세웠다. 난 스스로를 속이고 싶지 않았다. 그들은 본질을 꿰뚫어 보지 못하고 인정하려고 들지도 않는다. 난 자신한다. 작심의 고객은 최종 소비자, 즉 각자의 목표를 갖고 공부를 하는 학생들이다. 가맹점주가 아닌 이들의 입장에서 원하는 공부를 마음껏 그리고 편하게 할 수 있도록 돕는 서비스를 제공하는 건 작심뿐이라고 생각한다.

CHAPTER
09

유튜브 사업 설명회로
대규모 투자를 유치하다

고졸 사업가 강남구
대규모 투자 유치에 성공하다

난 사회에서 흔히 말하는 명문대를 나오지 않았고 고등학교밖에 졸업하지 못했다. 그러다 보니 투자받는 것에 피해의식이 있었다. 그저 투작를 받는 건 남의 일이라고 여겼다. 그러던 중 우연하게도 언론에 나간 작심 인터뷰를 보고 우리 회사에 투자하고 싶다며 한국투자파트너스가 먼저 손을 내밀었다. 난 기대도 하지 않았기에 그저 공동창업자에게 이 일을 맡기고 투자에 대한 그 어떤 질문도 하지 않았다. 어차피 안 될 일이었기에 괜한 에너지 소모를 하고 싶지 않았다.

보통 투자사에서 연락이 오면 어떻게든 투자를 받으려고 온갖 노력을 한다. 하지만 난 누가 투자를 한다고 해도 큰 기대를 하지 않았다. 어차피 마지막에 고졸 출신이라는 학력 때문에 안 될 것이라고 지레 포기했기 때문이다. 그리고 난 투자 없이도 내 사업을 단단히 잘 키우고 있었고, 투자를 이유로 그들에게 끌려가는 사업을 하고 싶지 않았다. 오로지 내가 스스로 수익을 내서 주도권을 갖고 회사를 경영하겠다는 생각뿐이었다.

작심이 창업 시 투자를 받지 않아서 생긴 장점은 바로 지금의 인풋 대비 아웃풋의 계산이 바로 된다는 점이었다. 가맹점 공사기간이 45일가량이다 보니 자금이 돌아가는 시간이 길다. 그사이 또 계약이 되고 그 자금을 잘 활용하니 가맹점을 늘려 나가면서 동시에 현금 흐름으로 직영점도 만들 수 있었다. 굳이 투자를 받지 않아도 회사의 수익 구조가 잡혀 자생할 수 있었다.

그러니 투자를 하겠다고 먼저 찾아온 투자사들에게 난 시큰둥했고, 오히려 이런 내 태도는 투자사에는 더 신선한 패기와 믿음을 줬던 거 같다. 한국투자파트너스는 더 적극적으로 함께할 컨소시엄(여러 투자사가 공동으로 투자하는 방식)을 제안했다. 난 고민 끝에 투자 제안을 받아들였다. 작심의 성공 가능성을 먼저 알아보는 투자사가 나타나니 투자를 통해 작심을 더 크게 키워 보고 싶다는 자신감과 의욕이 샘솟았다.

그리고 일이 빠르게 진행되어 두 달 반 만인 2018년 4월, 자본금 240만 원으로 시작한 작심이 시드나 엔젤 투자 없이 단번에 약 55억 원 규모의 시리즈 A 투자를 유치했다. 나중에 자세히 알고 보니 여러 곳에서 동시에 투자를 받는 사례 중 이렇게 초고속으로 투자를 받는 건 드문 일이었다. 더구나 작심에 투자한 회사 중 한국투자파트너스, KT네트워크는 국내 상위 5위 안에 드는 벤처캐피털 기업이었으며, 그 밖에도 캡스톤파트너스, IBK기업은행, 센트럴투자파트너스 역시 유명 벤처캐피털이었다. 그렇게 작심은 2018년도 4월에 약 55억 원의 시리즈 A 투자를 유치했고, 그다음 해인 2019년 4월에는 약 150억 원의 시리즈 B 투자 유치에 성공했다. 첫 투자를 받은 후, 중간에 전략이 수정되면서 신규 자금 투자가 필요한 상황이었기에 시리즈 B 투자 유치를 진행했다. 난 이번에는 최대한 많은 투자사들을 만나 보고자 했다. 아무런 인맥이 없었기에 직접 발로 뛰었다. 그런데 유명 투자회사들은 인맥 등의 소개로 대부분 투자 제안을 받는다. 이메일로 IR 자료를 보내면 피드백도 늦고 직접 전화도 할 수 없는 구조다. 왜냐하면 이미 유명하거나 유망한 회사들은 그 가치를 알고 서로 인맥 등을 통해 소개하기 때문에 직접 메일을 보내 답변을 받기란 어렵다. 난 좋은 아이디어를 생각해 냈다. 그리고 투자사 채용공고 사이트를 다 찾았고 공고 하단에 채용 공고 문의번

2019년 4월, 약 150억 원의 투자를 추가 유치하며 작심은 안정적인 사업 서비스를 구축할 수 있는 발판을 마련했다

호를 발견했다. 곧장 이 번호로 전화를 걸었고 바로 그 회사의 상무나 전무 자리로 연결이 됐다. 이때가 가장 중요했다. 첫마디를 "안녕하세요. 작심의 강남구라고 합니다!"라고 하면 상대는 작심도, 강남구도 전혀 모르기 때문에 전화를 그냥 끊을 수 있었다. 난 바로 "시리즈 A에서 55억 원을 투자받은 프리미엄 독서실 작심의 강남구라고 합니다!"라고 소개하며 대화를 시작했다. 핵심은 바로 55억 원이다. 55억 원이라는 금액은 투자사의 귀를 솔깃하게 만든다. 그러면 상대는 대부분 "시리즈 A에서 55억 원을 투자받았다고요? 어? 그런데요?"라고 관심을 보이고 난 내 페이스대로 대화를 이끌어 나갔다. 난 이렇게 내 방식대로 투자 담당자의 개인 연락처와 이메일을 알아내 작심의 IR 자료를 열심히 보냈다.

하지만 대부분 성사가 되지 않았다. 주변에 투자자를 연결해 줄 인맥이 전혀 없었기에 모든 걸 직접 부딪쳐 콜드콜로 미팅을 잡았다. 나처럼 이렇게 맨땅에 헤딩하는 식으로 투자를 받는 회사 대표는 아마 찾기 어려울 것이다. 투자사 대부분이 작심의 비즈니스를 그저 한계가 명확한 프랜차이즈업으로 규정했다. 콘텐츠 프로바이더 전략이 어렵다고 보았지만 그래도 운이 따랐는지 작심을 믿어주는 투자사들을 만났고 약 150억 원의 시리즈 B 투자 유치를 성공적으로 받았다. 모두가 안 된다고, 포기하라고 한 걸 작심이 해낸 것이다. 이 과정에서 티몬의 신현성 대표가 만든 투자사 베이스인

베스트먼트도 함께 투자에 참여했다.

그렇게 2019년 4월, 약 150억 원의 투자를 추가 유치하며 작심은 안정적인 사업 서비스를 구축할 수 있는 발판을 마련했다. 다양한 독서실 브랜드가 우후죽순으로 생기고 사라지기를 반복하는 상황 속에서 작심은 탄탄한 자본력을 바탕으로 콘텐츠 프로바이더라는 확고한 브랜드 구축에 나서며 타 브랜드를 흡수해 가며 점점 몸집을 키워 나갔다.

본격적으로 실행된 온라인 교육 강의 서비스 도입이 자리 잡자 회원 만족도가 높아졌다. 그리고 다른 독서실 브랜드로부터 작심으로 브랜드를 변경하고 싶다는 문의가 늘어났다. 작심의 온라인 교육 강의 서비스는 다른 독서실 브랜드들에서도 자체적으로 도입하고자 했지만 자본력이 부족한 업체에서는 현실적으로 실행이 어려웠다. 그리고 고객 입장을 생각하지 않고 대부분 예비 가맹점주들을 끌어들이기 위한 마케팅 수단으로 여기는 등 갖은 이유로 실행되지 못했다. 이로 인해 작심만의 독서실 시장 진입에 장벽이 생기면서 자연스럽게 작심이 국내 독서실 브랜드 1위를 유지하게 됐다.

사업설명회 유튜브 영상은
최고의 마케팅 전략

작심이 성장세를 타고 있을 때 더 많은 투자사들과 가맹점주 유치를 발 빠르게 할 수 있도록 한 건 바로 5분짜리 사업설명회 동영상이었다. 트렌드를 빠르게 읽어 사업에 바로 적용하는 것! 확신이 섰다면 새로운 시도를 두려워하지 않는 것 역시 나의 강점이다.

난 성장의 발판으로 막대한 돈을 쏟아부으며 화려한 광고를 하고 싶지 않았다. 그렇게 할 광고비 여력도 없었기에 난 당시 유튜브 채널을 적극 활용했다. 특히 창업 관련 유튜브 채널에 구독자가 많았고 난 나만의 강점을 영상으로 전하면 글보다 좀 더 사실적이고 효과적이게 작심을 어필할 수 있겠다고 판단했다.

내가 갖고 있는 최대의 장점은 사람들의 이목을 끄는 언변과 전달력 있는 목소리, 그리고 자연스러운 제스처다. 글보다는 직접 사람을 만나서 얼굴을 마주 보고 대화해야 내 매력을 십분 발휘할 수 있다. 그래서 난 작심 직원들과 회의를 통해 작심 스토리 홍보 영상을 기획했고, 국내 최초로 5분짜리 사업설명회 영상을 제작했다. 결과는 기대 이상으로 폭발적이었다. 투자사들은 이 영상을 통해 작심의 핵심 전략을 빠르게 이해했고 가맹 문의 역시 쇄도했다. 남들과는 다른 길을 고수하는 작심만의 홍보 전략이 역시 시대에 흐름에 잘 맞아떨어졌다.

사업설명회 영상의 홍보 효과를 제대로 경험한 난 2019년 4월, 시리즈 B 투자 유치를 성공시킨 뒤 다른 성격의 홍보 영상 제작을 위해 약 20만 명의 구독자를 보유한 스타트업 콘텐츠 전문 채널 EO(태용)에 인터뷰를 의뢰했다. 영상에는 과거 티몬와 그루폰 코리아에 근무했던 이야기부터 창업한 계기, 그리고 사업을 하면서 겪었던 실패담과 성공담까지 작심을 시작한 전과 후 이야기를 모두 담았다. 사업설명회 영상이 작심이 어떤 회사인지를 보여 주는 말 그대로 설명적인 영상이었다면 EO(태용)에서 제작한 영상은 나, 강남구가 살아온 이야기에 좀 더 초점을 맞췄다. 이 영상은 EO(태용)에서 30만 회의 조회 수를 기록하며 큰 화제를 모았으며 여전히 댓글이 달릴 정도로 큰 반응을 불러일으켰다. 내가 작심 지점 개설 계약을 하면서 제일 많이 듣는 이야기가 바로 EO(태용)의 인터뷰 영상이다. 그리고 지금은 '독서실맨'이라는 유튜브 채널을 운영하고 있다. 독서실, 스터디카페 창업에 관한 정보를 다룬 채널이다. 아직 국내에 독서실, 스터디카페 창업에 대한 올바르고 정확한 정보를 제공하는 채널이 없다. 난 채널을 통해 건물에 작심이 입점해 얼마나 큰 운영 수익을 얻고 있는지 비교 사례를 명확히 보여 주며 이 사업은 실세 임내 수익 말고 운영 수익이 중요하다는 것을 강조하고 싶다. 더 나아가서 알아 두면 좋은 알짜배기 부동산 관련 정보

업계 최초로 만든 유튜브 사업설명회 영상

사업설명회 영상이 작심이 어떤 회사인지를 보여 주는 말 그대로 설명적인 영상이었다면 EO(태용)에서 제작한 영상은 나, 강남구가 살아온 이야기에 좀 더 초점을 맞췄다

및 작심 점주들의 인터뷰 등을 생생하게 전달해 그동안 독서실 및 스터디카페 창업에 대한 잘못된 정보를 바로잡고 고정관념을 새롭게 바꿔 주는 유익한 채널이 되었으면 한다.

투자를 받아들여
도약의 발판을 삼다

난 작심의 연 매출이 150억 원, 당기순이익이 10억 원까지 성장했을 때도 투자받을 생각이 없었다. 그때까지만 해도 전부 나 스스로 모아 온 자금으로 사업을 운영했다. 자본금 240만 원으로 시작한 작심은 가맹점이 늘어나면서 1억 2,000만 원, 2억 1,000만 원, 3억 7,000만 원… 이렇게 단계별로 꾸준히 자본금을 증자했다.

난 사업을 하면서 큰 욕심을 내다 사람도 많이 잃었다. 이제는 더 이상 실수를 반복할 수 없었다. 돈에 큰 욕심을 내지 않고 뿌리부터 단단한 회사를 만들어 내 분야에서 날 믿어 준 사람들에게 보답하고 싶었다. 하지만 사업이 커지면 커질수록 독서실 시장으로 뛰어든 후발주자들 역시 늘어났다. 처음에는 작심이 패스트 팔로어fast follower 전략으로 1등 독서실 브랜드를 벤치마킹해 그들의 단점은 보완하고 장점은 극대화하며 회사를 빠르게 성장시켰지만,

이제는 작심을 따라 하며 1등을 차지하려는 후발 주자들이 우리 뒤를 세차게 쫓아왔다. 난 불안하고 초조했다. 계속 1등의 자리를 지키기 위해서는 자금과 관계없이 누구도 따라 할 수 없는 작심만의 차별화된 전략이 필요했다.

난 이런 위기 때마다 나 스스로에게 묻고 또 물었다. 고민 끝에 난 그 어떤 곳도 아닌 오직 작심에서만 들을 수 있는 다양한 온라인 교육 콘텐츠의 접목이 절실하다는 것을 깨달았다.

사실 난 첫 투자를 받는 시리즈 A때까지만 해도 오로지 가맹점을 늘려야 한다는 마음에 실제 작심의 고객이 학생들이 아닌 가맹점주라는 생각이 강했다. 그래서 실제 학생들이 원하는 콘텐츠가 아닌, 그저 가맹점주들에게 다양한 교육 콘텐츠들을 제휴해 다른 독서실 브랜드들과는 다른 차별화, 전문화를 갖췄다는 생색만 낸 것이다.

그러다 두 번째 투자인 시리즈 B를 준비할 때, 그제야 본격적으로 온라인 교육 콘텐츠를 작심과 어떻게 결합할지 현실화하기 시작했다. 내가 생각한 '혁신'이란 존재하지 않는 걸 새롭게 창조해 내는 것이 아니다. 전통을 유지한 채 예측이 가능한 비즈니스 안에서 IT를 접목해 새로운 서비스를 제공하는 것이다. 난 고객의 입장에서 자기주도학습을 하는 이들은 무엇이 필요할까를 신중히 고민했고, 이는 바로 무료로 하고 싶은 공부를 마음껏 할 수 있는 다양한

시리즈A 약 55억 원,
시리즈B 약 150억 원 투자 유치!

언론계, 금융권 등 화려한 컨소시엄으로부터 투자 유치한 가맹점주가 믿고 안심할 수 있는 **검증된 브랜드**

작심의 투자사
시리즈A

 한국투자 파트너스

[한국투자파트너스]

작심의 시리즈A 투자를 리드한
국내 1위 벤처캐피탈회사

카카오톡, YG엔터테인먼트 등등

ktb 네트워크

[KTB네트워크]

6,000억 이상의 운용자산의
업계 Top10 벤처캐피탈회사

배달의민족, TOSS 등등

Central Investment Partners

[센트럴투자파트너스]

조선일보(언론)계열의 벤처캐피탈회사

팟빵, 쿠미디아게임즈 등등

 IBK기업은행

[IBK기업은행]

1금융권의 국책은행이 직접 벤처투자 진행

원티드랩, 비투링크 등등

CAPSTONE

[캡스톤파트너스]

10년간 150여 건에 이르는 투자경험을
보유한 엔젤투자 벤처캐피탈회사

리멤버, 직방 등등

작심의 투자사
시리즈B

AlpenRoute Asset Management

[알펜루트자산운용]

독보적인 수익률로 대체투자 분야에서
두각을 드러낸 헤지펀드 전문 자산운용사

빅히트엔터테인먼트(BTS소속), 마켓컬리 등등

BASS INVESTMENT

[베이스인베스트먼트]

티몬 창업자 신현성 의장과
강준열 전 카카오 부사장이 설립한 투자회사

젤라또랩, 어니스트펀드 등등

 에듀윌

[㈜에듀윌]

업계 최초 정부기관상 9관왕 수상 달성
평생교육시대를 열어가는 종합교육기업

S 시원스쿨

[㈜에스제이더블유인터내셔널]

2019 국가브랜드대상 5년 연속 수상 달성
외국어 교육 콘텐츠 제공 전문기업

CAPSTONE

[캡스톤파트너스]

10년간 150여 건에 이르는 투자경험을
보유한 엔젤투자 벤처캐피탈회사

리멤버, 직방 등등

온라인 교육 콘텐츠였다. 이를 작심이 먼저 고객에게 제공한다면 다른 독서실 브랜드와는 확연히 다른 길을 가게 될 것이고, 곧 사교육비를 절감하는 합리적인 소비 형태의 변화를 이끌어 낼 수 있다고 믿었다.

그 결과 작심은 현재 국내 유수의 8개 교육 업체의 150여 종에 이르는 강의를 무제한으로 제공 중이다. 공무원 시험을 준비하는 작심 회원은 독서실 등록만으로 별도 구매가 필요했던 100만 원 이상의 강의를 무료로 수강할 수 있다. 고3 수험생은 문·이과 상관없이 전 과목 지류 모의고사를 무료로 제공받을 수 있다.

작심의 전략은 자기주도학습을 하는 사람들의 소비 패턴을 합리적으로 변화시키는 것을 목표로 한다. 공간 대여료만 지불하고 강의를 무료 수강하는 것은 전통적인 독서실 서비스에서 기대할 수 없었던 부분이다. 사람들에게 '프리미엄 독서실은 세련된 공간을 구매하면 교육 콘텐츠 서비스는 자연스럽게 따라오는 곳'이라는 인식이 확산되면, 당연히 독서실은 교육 콘텐츠를 제공하는 것이 일반적인 문화로 자리 잡을 것이다.

그렇게 되면 앞으로 시설만 잘 갖춘 프리미엄 독서실은 교육 서비스는 없고 그저 인테리어만 좋은 공간으로 남을 것이다. 이를 위해서 반드시 투자를 받아야 했다. 그때 내가 오로지 내 힘으로 회사를 키워 보겠다고 고집하며 투자를 받지 않았다면 지금의 작심은 어떻게 됐을까? 독서실 업체들은 그저 그런 인테리어 업자로 취급받으며 지금도 그 틀을 깨지 못했을지도 모른다.

오프라인 독서실과
온라인 강의를 작심이 잇다

프리미엄 독서실, 스터디카페를 표방하는 다른 업체들이 깔끔한 시설에 집중했다면 난 한 발 더 나아가 다양한 온라인 교육 콘텐츠까지 제공하는 차별화를 내세웠다. 온라인 교육 콘텐츠를 독서실인 오프라인에서 고객과 제대로 연결하면 이게 진정한 O2O Online to

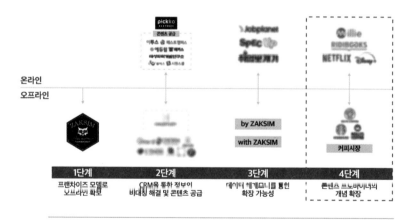

온라인과 오프라인을 잇는 콘텐츠 프로바이더

Offline(온라인과 오프라인을 연결한 마케팅) 비즈니스라고 결론지었다. 이를 이루려면 반드시 투자금이 필요했다. 투자를 받아 이를 현실화하면 작심의 규모는 더 확대되고, 작심만의 차별화된 교육 콘텐츠 서비스를 창출할 수 있었다. 그래서 투자를 받기로 결심한 것이다.

그저 걸치장뿐인 하드웨어만 교체하는 회사는 경쟁력이 없다. 결국 작심 역시 한계에 다다른 회사가 되어 상장이라는 꿈도 꾸지 못했을 것이다. 그리고 돈만 많으면 누군가는 또 독서실 시장에 뛰어들 것이고 그렇게 되면 언제든지 1위 자리는 뺏길 수 있다.

난 내 계획대로 작심이 온라인 교육 회사에 일정한 구독료를 지불하면 온라인 교육 강의를 마음껏 이용할 수 있도록 하기 위해 유명 온라인 교육 회사들을 찾아다녔다. 기존 교육 회사들의 B2B Business to Business(기업과 기업 사이에 이루어지는 전자 상거래) 고객은 대기업 위주였다. 나머지는 전부 B2C Business to Consumer(B2C 기업이 소비자를 상대로 행하는 비즈니스)였다. 작심은 이런 교육 시장에 새로운 판로를 개척했고, 교육 회사는 그동안 없었던 거래가 생기면서 자연스럽게 작심과 원원 Win-Win하며 협력하게 된 것이다. 난 교육 회사를 찾아 작심의 고객이 온라인 교육 강의를 많이 들으면 들을수록 교재의 판매 수익이 올라갈 것이며, 마케팅비 없이 거래량이 지속적으로 늘면서 안정적인 캐시카우 Cash

Cow(수익창출원)가 될 것이라고 강조했다.

현재 작심독서실은 국내 유수의 교육 업체와 제휴해 각종 온라인 강의를 회원에게 무료로 제공한다. 수능 모의고사부터 토익, 영어회화, 실무교육 등 그 범위가 다양하다. 대성학력개발연구소, 디지털대성, 윌비스, 에듀윌, 해커스, 해커스공무원, 이투스, 시원스쿨 등 제휴한 업체도 모두 업계 선두 기업으로 알려진 곳들이다.

이런 온라인 교육 콘텐츠 서비스로 무장했기에 작심에 다니면 1년에 150만 원에 달하는 온라인 강의를 무료로 들을 수 있다. 강의 교재만 구입하면 된다. 그렇다고 독서실 이용료가 경쟁 업체보다 비싼 것도 아니다. 공간에 따라 13만~30만 원대로 다양한 수준이다. 시간권도 있으며 이용료는 시간당 2,000원이다.

온라인 교육 콘텐츠 서비스 도입 초기에 주주들을 설득하는 과정이 역시 쉽지 않았다. 하지만 고객 혜택을 확대하는 것이 곧 각 지점의 매출 증대를 이끌 것이라는 확신이 있었다. 연료 없이도 엔진을 움직이게 만드는 이른바 플라이 휠Fly Wheel 전략처럼, 고객이 만족해야 지점의 매출이 상승하고 결국 가맹을 원하는 점주가 늘어나 회사가 성장하는 원료를 얻는다. 이처럼 고객 혜택 증대가 결국 매출 상승으로 이어진다는 확신이 있었기에 자연스럽게 선순환을 유도할 수 있었다.

독서실 시장은 그 자체만 보면 약 1조 원 규모에 그친다. 나의 최

시간/장소 제약 없는
독보적인 교육 콘텐츠 제공, 최신 인강이 모두 무료!

공무원, 자격증, 어학, 취업 등 회원들이 실제로 원하는 **최신 교육서비스**를 어떠한 **제한도 없이** 제공하는 진짜 프리미엄 브랜드
사교육비 걱정 말고 공부만 하세요, 작심이 낼게요

이투스

내신/수능
역대 최다 수험생이 선택한 인강!
스타 강사들의 전 강좌 무제한

대성마이맥

내신/수능
수능 1등급으로 가는 지름길!
대성마이맥 19PASS로 해결

대성화력개발연구소

수능 모의고사
전 과목 프리미엄 문항 특화!
수능 출제 경향을 반영한 프리미엄 모의고사

이감 •직영점 기준

수능 모의고사
수능 국어의 하이엔드 콘텐츠 모의고사!
가장 평가원스러운 모의고사로 1등급 정조준
※2021년 현재 예정입니다.

국풀2000

내신/수능 모의고사
내신성적부터 수능까지 국어등급 향상!
SLS를 통한 맞춤형 국어솔루션 제공

족보닷컴
ZOOBO.COM

내신/수능
국내 최대 기출문제/시험대비 자료 보유
내신은 기본, 수능까지 한번에!

해커스

토익/토스/NCS/취업
20대가 가장 사랑한 온라인 강의 1위!
외국어, IT, 자격증, NCS 등 취준생 맞춤 강의

해커스공무원

공무원
최단기 합격 공무원학원 부문 1위!
9급,7급,외무영사직 등 최단기합격 강의

윌비스

공무원/경찰
대한민국 1등 경찰학원 신광은경찰팀!
9급/경찰/군무원 등 직렬별 인기강의

S 시원스쿨 •거가보유 지점 기준

외국어회화
기초회화 강의, 국내 유료 수강생 140만명!
영어/일본어/중국어 등 7개 언어 회화 강의

RIDIBOOKS •거가보유 지점 기준

도서/문화 콘텐츠
웹툰, 웹소설, 전자책, 만화까지!
당신의 취향에 딱 맞는 콘텐츠를 제안합니다.

다음 콘텐츠를 기대해 주세요!

종 목표는 독서실 프랜차이즈가 아니다. 하고 싶은 일을 처음부터 바로 할 수 없다 보니 그 시발점이 작심이 됐다. 난 작심을 운영하면서 학원과 독서실의 경계가 허물어지고 있다는 것을 직감했다.

급속도로 커졌던 온라인 교육 시장이 갑자기 정체될 수밖에 없었던 가장 큰 이유는 온라인 수업 내용을 백업할 수 있는 자기주도학습 공간에 대한 발전이 없었기 때문이라고 생각한다. 적어도 난 앞으로 자기주도학습을 하는 공간이 프리미엄 독서실로 대체되면서 학원과 독서실의 결합이 이루어지고 결국 학원은 점점 줄고 독서실이 그 자리를 대신하는 역할을 할 것이라고 본다.

남들이 보기에는 작심이 그저 독서실 사업만 하는 것으로 보이겠지만, 이 안에는 부동산 비즈니스와 콘텐츠 유통 플랫폼이 녹아들어 가 있다. 맥도널드의 전체 수익의 60퍼센트가 부동산에서 발생하는 것처럼 작심 역시 직영점을 확장해 자본과 인프라를 단단히 구축했다. 그리고 질 좋은 온라인 강의 콘텐츠를 잘 가공해 이를 유통하는 플랫폼을 발전시켜 오프라인과 온라인이 결합이 되면 그 시너지 효과는 기대 이상으로 폭발할 것이다. 온라인, 오프라인 어느 것 하나만 집중해서는 안 된다. 오프라인을 강화하기 위한 온라인 아이템이 더해졌을 때 더 힘이 생긴다. 독서실 시장의 한계를 개수를 따지지 않고 학원과 같은 사교육 시장으로 넓히면 18조 원 규모의 시장까지 성장하게 된다. 작심은 그렇게 진화할 것이다.

더 나아가서 작심은 2020년 3월 24일, 종합교육서비스기업 NE 능률과 업무 협약을 체결하며 처음으로 작심 자체 교육 콘텐츠의 제작에도 나섰다. NE능률은 영유아부터 성인까지 전 세대를 아우르는 종합교육서비스기업이다. '리딩튜터', '능률보카', '토마토 토익' 등 베스트셀러 교재와 탁월한 품질의 교과서를 바탕으로 교육 업계에서 탄탄한 입지를 구축하고 있다.

NE능률과의 협업을 통한 교재는 수능 한국사의 경우, 작심의 온라인 동영상 채널(유튜브, 네이버 TV 등)을 통해 자체 강의 또한 무료로 제공된다. 수능 한국사 교재 및 초등 한국사 교재 출간에 대해 상호 협력으로 작심은 교재를 집필하고 NE능률은 출판을 담당했다. 앞으로도 작심은 회원에게 유명 고등 인터넷 강의를 무료로 제공함과 동시에 실질적으로 도움이 되도록 자체 교육 콘텐츠 제작까지 모색해 나갈 계획이다.

현지 시장 1위 대교와 함께 홍콩 1호점 론칭

대교는 홍콩에 Eye Level(눈높이) 브랜드로 약 100개 오프라인 지점을 보유한 1위 교육
업체. 현지 시장에 대해 해박한 현지 파트너인 대교홍콩과 MOU 체결 후 1호점 론칭

NE능률과 출판 콘텐츠 협업

한국사 교재 등 작심만의 자체 제작 콘텐츠로 NE능률과 콘텐츠 공급 계약을 체결.
콘텐츠 개발 후 양사의 유통망을 통해 교재를 판매하고 공동으로 마케팅을 진행

강남구의 사업에
원래 그런 것이란 없다

"원래 그래!"라는 말은 금물이다

난 다른 독서실 브랜드와 차별화할 수 있는 방안 중 하나로 클래식 인테리어를 선택했다. 작심이 독서실 시장에 진출할 당시, 독서실 대부분이 특성 없이 열이면 열 모두 모던한 스타일로 엇비슷했으며, 클래식한 인테리어는 전무했다. 하지만 인테리어 시공 업자들은 물론이고 기존 독서실 사업을 하는 사람들과 지인들도 "독서실은 원래 클래식한 콘셉트가 맞지 않는다. 젊은 사람이 뭘 몰라서 그런다. 다 안 하는 이유가 있다."라며 반대했다.

나는 오기가 생겼다. 대체 그 안 하는 이유가, 원래 그런 이유가 뭔지 궁금했다. 하지만 제대로 답해 주는 이는 아무도 없었다. 오히려 독서실 사업을 모른다며 날 가르쳤다. 심지어 나이가 어리다 보니 반말을 하는 경우도 부지기수였다. 일에 대한 전문적인 이야기 좀 하려고 하면 대부분 나를 다 가르치려 들었다.

하지만 난 모던함만큼 클래식함을 선호하는 사람들이 분명 있을 거라고 믿었다. 그리고 모든 반대를 무릅쓰고 업계 최초로 영국 옥스퍼드 대학교의 900년 역사를 지닌 보들리안 도서관이라는 스토리텔링과 클래식한 콘셉트를 밀고 나갔다. 난 그 당시, 지금두 마찬가지지만 '1인실이 많은 독서실', '산소가 가득한 독서실' 등 누구나 떠올릴 수 있는 슬로건은 제대로 된 슬로건이 아니라고 생각했다.

모든 브랜드는 남들과는 다른 차별화된 브랜딩이 되지 않으면 결국 오래가지 못한다. 작심은 독서실 업계에서는 지금껏 볼 수 없었던 해리포터 영화에나 나올 법한 영국 옥스퍼드의 보들리안 독서실, 유학파 출신들이 만든 수재들의 독서실이라는 브랜드 스토리를 정립하며, 모두의 반대를 무릅쓰고 내 길을 갔다. 그리고 화려한 장식을 덜어 낸 세미클래식의 느낌으로 비용을 절충하며 작심만의 클래식한 인테리어를 완성했다.

'작심' 독서실 이름 또한 그런 이유에서 지켜 낸 이름이다. 난 그 당시 내 마음도 그랬듯, 마음을 단단히 먹는다는 뜻의 '작심作心'으로 독서실 브랜드명을 지었다. 후발 주자였기에 브랜드 이름이 중요했다. 이름을 듣자마자 기억에 남고 바로 바이럴 마케팅이 일어나야 했다. 그러나 주변에서는 프리미엄 독서실 이름은 영어로 그럴싸하게 지어야 한다, '작심삼일'이 연상되니 이름을 바꾸라는 의

작심(作心) 마음을 단단히 먹다

마음을 먹고 시작했다는 게 중요합니다. 여러분의 작심을 응원하고 지지하겠습니다.

작심의 마음먹음

작심은 그렇게 모든 이들의 '마음먹음'을 지지하고자 만들어졌습니다.
작심의 역할은 단순히 공간을 제공하는 것이 아니라,
흔들리지 않고 꿈을 향해 뛸 수 있도록 격려하고 돕는 것입니다.

견이 많았다. 프리미엄 독서실은 왜 한글로 의미심장하게 지으면 안 되는지 납득이 되지 않았다. 이름을 바꿔야 계약을 하겠다는 가맹점주도 있었다. 하지만 난 미래를 위해 진지하게 공부하고, 자기주도학습을 하는 담백한 공간인 만큼 영어를 써 가며 겉만 번지르르하게 짓고 싶지 않았다. 독서실은 대한민국 고유의 문화이기도 하며 내 사업 역시 겉이 아닌 속을 단단하게 키우고 싶었기에 '작심'이란 이름을 꿋꿋이 지켜 냈다.

난 작심의 '마음먹음'이란 의미에 더 중점을 두었다. 작심은 단순히 공간을 제공하는 것이 아니라 흔들리지 않고 꿈을 향해 뛸 수 있도록 격려하고 돕는 역할을 한다. 공부하는 사람들은 늘 걱정한다. '공부는 왜 이리도 어려운 것일까?', '꿈을 향해 달려 나갈 때 왜 자꾸 의지가 꺾이고 포기하고 싶은 걸까?' 무엇이든 마찬가지다. 결코 노력이 부족해서도 아니고 학습법을 몰라서도 아니다. 처음 먹은 마음, 바로 '처음의 마음'을 잃어버렸기 때문이다. 우리가 모든 학습서의 첫 페이지를 공부하는 마음으로 마지막 페이지까지 이어 갈 수 있다면 원하는 목표에 한 발짝 더 다가갈 수 있다. 작심은 이렇게 끝까지 포기하지 않도록 도와주는 공간이 되고 싶었고 지금도 그런 가치를 유지하고 있다.

결국 내가 '원래 그래'를 용납할 수 없는 이유는 바로 난 모든 사고에 대한 질문을 '왜?'로 시작하기 때문이다. 예를 들어, 한 계약을 할 때 계약서에 궁금한 점이 있으면 나는 바로 그 자리에서 "이거는 왜 그런 건가요? 전 그렇게 계약 안 했는데, 수정해야 되는 거 아닌가요?"라고 묻는다. 그럼 상대는 대부분 또 "원래 그래요."라고 짧게 답한다. 난 "왜 그런 건데요? 어떤 이유에선 가요?"라고 계속 캐묻는다. 상대는 나의 치밀한 물음에 "사실은 힘들어서."라고 솔직한 답을 준다. "아, 대표님이 힘드셔서 그러신 거죠? 원래 그런 건 아니죠?"

일단 내가 아니라고 생각한 거는 수긍할 수 있는 답이 나올 때까지 물고 늘어져야 한다. 내 인생에 '원래'는 없다. 예전부터 원래 그랬으니, 1년 뒤 3년 뒤에도 원래 그런 상황이 된다. 이 원래는 초장부터 잡아야 한다.

사기꾼이 되는 건 한순간이다

심지어 작심 인테리어 공사 도중 인테리어 업체가 크게 뒤통수를 친 사건도 있었다. 그 당시 난 인테리어 분야에 대한 정보가 부족했고 비용도 적정한 가격이 얼마인지를 잘 가늠하지 못했을 때였다. 9개씩 현장을 맡은 A와 B 업체가 동시에 문제를 일으켰다. A 업체는 공사 중간에 잠수를 탔고, B 업체는 시간만 끌고 돈이 계속 모자란다며 추가비용만 요구했다. 실제 작업이 중단되었으면 신고라도 하겠는데 그것도 아니었다. 인부 한 명을 불러다 놓고 작업을 하는 둥 마는 둥 시간만 끌었다. '사기'라는 말을 듣지 않으려고 한 꼼수였다. 정말 속이 까맣게 타들어 갔다. 끝내 중간에 한 업체는 잠적했고 나머지 한 업체는 계속 돈을 줘야 일을 할 수 있다며 억지를 부렸다. 그렇게 시간만 끌다가 결국 현장에서 싸움이 나기도 했다. 정말 살벌했다. 난 그래도 어떻게 해서든 현장에 다른 작업자를 불러 마무리해야만 했고 그들은 작업을 방해하며 전기를 끊고 나가기도 했다. 급기야 경찰까지 출동할 정도였다. 이런 영화에서 나올 법한 말도 안 되는 경험을 하면서 '아, 이렇게 부도가 나는구나!', '아, 이렇게 난 사기꾼이 되는구나!'를 실감했다. 내 의지와는 상관없이 사기꾼이 되어 버리는 상황이 정말 무서웠다. 당시난 직원들과 이와 관련해 아무런 대화도 나누지 않았다(아니 설명할 시간조차 없으니 못 했다는 표현이 더 맞겠다). 난 성격상 문제가 발생하면 더 침착해지고 말수가 적어진다. 나중에야 직원들에게 이 이야기를 하니 직원들은 할 일이 없어서 회사가 망한 줄 알고 걱정했다고 한다. 지금은 웃으며 지난 이야기를 하지만 그 당시에는 정말 절박했다. 난 혼자 힘으로는 이겨 낼 수 없다고 생각했고 가족, 지인 등 주변의 모든 사람에게 도움을 요청했다. 하루에 전화를 500~600통씩 주고받았다. 직원들에게 이 사실을 말하면 회사를 그만둘까 봐 혼자서 속을 끓였다. 정확히 2017년 2월 2일 통장 잔고가 4,99만6,354원까지 내려가는 정말 심각한 상황이었지만 끝까지 작심을 지켜냈다. 지금 생각해도 아찔한 위기였다.

알 때까지 묻고
이해할 때까지 설명한다

사회생활을 시작하고 내 인생은 마치 롤러코스터 같았다. 나이는 어리지만 어른스러워야 했고 칭찬도 많이 받았지만 비난, 시기, 질투 등 미움도 많이 받았다. 그래도 내가 정신 줄을 놓지 않고 이렇게 내 길을 꿋꿋이 갈 수 있었던 건 바로 우리 어머니 덕분이다. 어머니는 내가 일이나 주변 사람들로 힘이 들 때면 항상 다독여 주시며 조언을 아끼지 않으셨다. 어머니와의 대화는 나를 다잡게 하는 큰 힘이 되어 주었다.

어머니는 내가 사업이 잘되어 상기돼 있으면 나를 가라앉히셨고, 사업이 잘되지 않았을 때 역시 조바심 내지 말고 실망하지 말라며 용기를 북돋워 주셨다. 성공하고자 하는 욕심에 눈이 멀어 한치 앞도 안 보일 때면 나를 툭 치시며 정신을 차리게 해 주셨다. 어머니는 날 너무 잘 알고 계신다. 욕심이 날 때면 그걸 먼저 아시고 먼저 미련 갖지 말고 욕심 부리지 말라고 나를 붙잡아 주셨다. 그렇게 어머니는 대화를 통해 문제 해결에는 꼭 한 가지 방법이 있는 것이 아니라는 점을 강조하시며 나에게 폭넓은 사고방식을 길러 주셨다.

사업을 하면서 중요한 결정을 할 때 난 가족의 의견도 듣는다. 예를 들어, 계약을 할 때 상대는 자신이 유리한 쪽으로 대화를 이끈다. 투자자나 멘토는 본인이 경험한 정도에서만 조언을 해 준다. 그런데 어머니는 나를 잘 아시는 분이다. 내가 뭘 중요하게 생각하는지 아시기에 내 입장에서 가장 현명한 선택을 할 수 있도록 조언과 격려를 아끼지 않으신다.

앞서 소개한 인테리어 업자가 공사 중 도망을 쳤을 때도 나의 무너진 멘탈을 잡아 주신 분이 바로 어머님이다. 나에게 큰 사건이 일어나면 어머니는 더 차분해지신다. 어렸을 때 역시 친구들과 놀다가 사고를 치고 돌아오면 어머니는 항상 나에게 먼저 물으셨다. "남구야, 어떻게 된 거니? 남구가 잘못한 거니? 엄마에게 사실대로 이야기해야 엄마가 대처를 빨리할 수 있어." 어머니는 문제가 생기면 이렇게 나에게 먼저 물어보셨다. 내가 사실대로 이야기해야 어머니는 그 문제를 현명하게 해결할 수 있었고, 그래서 난 어머니에게 절대로 거짓말을 할 수가 없었다.

어머니와 나의 대화는 항상 이런 식이다. 어머니는 내가 조금이라도 불안한 모습을 보이면 내가 고민을 털어놓을 수 있도록 다른 방식으로 계속 물어보셨다. 난 어머니에게 이런 대화 방식을 배웠다. 사람들과 대화할 때 궁금한 것이 있으면 그 궁금증이 풀릴 때까지 다른 질문으로 묻고 또 묻는다. 뭐든 내 머리로 이해가 안 되는 건 콕 짚고 넘어가는 성격이기도 하다. 그래서 내 사전에는 '원래 그건 그래!'란 말은 없다.

사업하면서 가장 큰 힘이 되어주는 가족

　회사의 책임자인 내가 잘 모르는 상태에서 일이 진행되어 좋지 않은 결과가 나오면 그 책임은 전부 나에게 있다. 아무리 작은 것이라도 대수롭게 지나가면 나중에 분명 그게 쌓이고 쌓여 큰 문제가 된다. 이런 실수가 반복되면 발전이 늦고 항상 그 자리에 머물게 된다.

　과거 티몬에 다닐 때 실적을 내야 하는데 기존 해 오던 영업 방식조차 없었지만, 어린 나이에 내가 그 기존 방식을 따라 하다가는 그들과 같거나 못한 결과일 뿐이었다. 난 그 기존의 영업 방식을 개선하기 위해 계속 고민하고 새로운 방식을 찾아냈다. 이런 습관은 무엇을 하든 좀 더 나은 방향으로 생각하려는 힘을 자연스레 길러 줬다. 원래는 없다. 어떤 식이든 조금 더 나은 방식으로 개선해야 한다. 그래야 발전이 있다. 작심 역시 기존 독서실의 원래 그런 방식과 환경을 더 나은 방향으로 개선해 변화시킨 것이다.

나 역시 일을 할 때 상대가 궁금해하면 같은 질문에 그가 완벽히 이해할 때까지 계속 설명한다. 그리고 투자나 계약 등의 대화를 할 때도 그가 이 분야를 전혀 모른다고 가정하고 항상 0부터 이야기한다. 이 부분은 내가 직원들에게 항상 강조하는 부분이다. 상대는 우리처럼 그의 인생에서 우리의 일이 우리만큼 중요하지 않다. 그러기에 나는 최선을 다해 이해할 수 있도록 설명한다.

대부분 성장하지 못하는 회사를 보면 소통이 부재한 것이 문제다. 어머니의 이런 자녀 교육 방식은 내가 사업을 하는 데 역시 많은 도움이 된다. 난 항상 공동창업자뿐 아니라 직원들에게 이야기한다. 예를 들어, 한 문제에 대해 "난 이렇게 긍정적인 부분만 보는 거 같은데 이사님의 생각은 어떠세요? 그냥 대표라서 맞장구치는 거 아니죠? 정확하게 다시 말해 줄 수 있나요?"라고 묻고 또 묻는다. 난 소통을 할 때 먼저 긍정적으로 이야기해서 상대의 호응을 이끌어 낸다. 그 후 전혀 반대의 생각으로 문제점을 제시한다. 이미 문제를 인지한 상태에서 긍정적인 부분을 먼저 이야기하는 것이다. 모르는 척 말하지만 이미 답은 어느 정도 갖고 있다. 이는 상대의 생각을 계속 듣기 위함이다. 직원들은 아마 이런 대표가 피곤하겠지만 난 이 방식이 대표와 직원이 함께 동반 성장하는 과정이라고 생각한다.

비즈니스를 할 때 내 생각의 문제점에 대해 상대가 지적을 하지 않으면, 난 다시 왜 지적을 하지 않는지 묻는다. 그렇게 상대 역시 다각도로 생각할 수 있게 만들어 주는 것이다. 그렇다고 지적만 하는 것도 문제다. 난 상대가 부정적인 사고에서 하는 질문인지, 긍정적인 사고에서 하는 질문인지 상당히 예민하게 들여다본다. 그러면 상대는 다시 그 부분에 대해 왜 자기가 그렇게 반응했는지 설명한다. 난 이런 대화 방식이 참 건강다고 생각한다. 공동창업자는 나보다 세 살이 어리다. 하지만 이렇게 사고할 수 있도록 서로 꾸준히 트레이닝을 했다. 내가 한쪽으로 치우치지 않고 중립적인 생각을 할 수 있도록 말이다.

안 된다고
생각해 본 적 없다

지속 가능한 작심을 위한
경영 철학 네 가지

티몬에서, 그루폰에서, 그리고 멘토들과 학생들을 연결해 준 ㈜아이엔지스토리 강연 사업을 통해 난 대표의 경영 철학이 직원들에게 미치는 영향이 크다는 것을 깨우쳤다. 그래서 작심을 지속 가능하게 만들기 위해 네 가지 핵심 가치를 설정했다. 첫 번째가 바로 '판단은 주체적으로'다. 작심인은 언제나 당당하다. 주인의식을 가지고 합리적인 방안을 찾아 실행한다. 정해진 코스를 답습하지 않고 자신만의 방법을 밀어붙여도 된다. 스스로 판단하고 그 과정에서 최선을 다하며 결과에 책임진다. 그래서 작심은 언제나 떳떳하다. 퇴근도 야근도 자신의 판단하에 결정하기에 스스로 정한 기한 내에 업무가 종료된다면 눈치 보지 않고 퇴근해도 무방하다. 그리고 두 번째 '실행은 빠르게!'다. 작심인은 간결하고 신속하게 일한다. 우리가 하는 일은 복잡하고 정교하지만 그 실현 방식을 더욱 쉽고 명료해야 한다. 세 번 고민할 시간에 한 번 도전하고, 실패했다면 그 이유를 찾아 다시 도전한다. 꿈과 계획이 아무리 원대하고 체계적이라도 실행하지 않으면 결코 원하는 결과물에 닿을 수 없기 때문이다. '언제 할까?'를 고민하지 않고 '지금, 바로' 행동에 옮기는 것. 작심은 작심인 모두의 빠른 실행을 위해 전폭적인 지지를 아끼지 않는다. 세 번째 '안 된다고 생각해 본 적 없다'다. 내가 2013년 아이엔지스토리를 창업했을 때부터 지금까지 마음에 지니는 문구다. 안 된다고 생각하기 전에, 해결 방법이 없을까를 우선적으로 생각한다. 해결책이 없으면 합심해 만든다. 세상에 해결되지 않는 문제란 없다. 또 100퍼센트 해결되는 문제도 없다. 혼자가 안 되면 둘이서 머리를 맞대고, 그것도 부족하면 팀 단위로, 본부 단위로 움직인다. 문제를 해결해 나가는 과정에서 얻는 깨달음과 성취감은 다시 작심인을 성장시키는 원료가 된다. 그리고 마지막 네 번째 '주위를 밝히는 선한 영향력'이다. 어릴 때 부모님의 영향을 가

장 많이 받는다. 학창 시절에는 친구와 함께 많은 것을 배운다. 성인이 된 이후, 집보다 더 오랜 시간을 보내는 곳이 바로 회사다. 그래서 우리는 서로를 키울 수 있고 선한 영향력을 끼칠 수 있는 사람으로 작심을 채우고 있다. 작심은 이렇게 서로의 역량을 극대화하고 선한 영향력을 전파하며 주위를 밝게 밝힌다.

새로운 트렌드에 발맞춰 직원들을 행복하게 만드는 작심만의 문화도 만들었다. 입사한 직원에게는 작심 가족을 환영하는 의미로 입사 꽃바구니 선물을 집으로 배송한다. 그리고 편안한 근무 생활을 위해 작심 텀블러, 슬리퍼, 담요 등도 제공한다. '작심데이'라는 것도 있다. 분기별 문화의 날을 정해 조기 퇴근 및 문화비를 지원한

다. 사내 도서관을 통해서는 매월 팀별 도서 구매 비용을 지원하고 사내 도서관을 운영한다. 자기 계발에 필요한 온라인 교육 인터넷 강의 콘텐츠를 제공하며, 건강한 기업 문화 구현을 위한 워크숍도 진행한다.

연차 사용을 장려하며 3년 만근 시 2주간 리프레시 휴가와 휴가비 200만 원을 지원하고, 경조사비를 최소 30만 원에서 최대 200만 원까지 지원한다. 명절마다 두 손은 무겁고 마음은 풍족하도록 선물을 제공한다. 생일에는 오전 근무 후 조기 퇴근이라는 혜택을 주며 휴일 가족 여행 및 개인 목적으로 법인 차량 대여 서비스를 지원한다. 그 밖에도 할로윈데이, 간식데이 등 일상의 소소한 이벤트로 활력을 더한다. 근무 시에도 마찬가지다. 직원들 위해 5성급 호텔에서 제공하는 최고급 커피를 무제한 제공하며 골라먹는 재미가 있는 양심 냉장고도 운영한다. 야근 시에는 저녁 9시를 넘을 경우 야근 식대를 지원하고 안전한 귀가를 위한 카카오 비즈니스를 운영한다.

한마음으로
작심하기!

◆ **입사 꽃바구니 선물** 작심 가족을 환영하는 의미로 진심을 담은 입사
꽃바구니 선물 배송
◆ **웰컴 기프트 제공** 편안한 사무실 생활을 위해 작심 텀블러, 슬리퍼,
담요 등 제공
◆ **작심데이** 분기별 문화의 날을 정해 조기 퇴근 및 문화비 지원
◆ **사내 도서관** 매월 팀별 도서 구매비 지원 및 사내 도서관 운영
◆ **교육 콘텐츠 제공** 자기 계발에 필요한 온라인 교육 인터넷
강의 콘텐츠 지원
◆ **워크숍** 건강한 기업 문화 구현을 위한 워크숍 진행.
◆ **장기근속자 포상** 3년 만근 시 2주간 리프레시 휴가와 휴가비
200만 원 지원
◆ **경조사** 경조사비 최소 30만 원에서 최대 200만 원까지 지원
◆ **명절선물** 두 손은 무겁게! 마음은 풍족하게! 명절 선물 제공
◆ **생일선물** 오전 근무 후 조기 퇴근
◆ **법인차량 대여** 휴일 가족 여행 및 개인 목적으로 차량 대여 지원
◆ **작심 커피 원두** 5성급 호텔에서 제공하는 최고급 커피 무제한 제공
◆ **다양한 음료 제공** 골라먹는 재미가 있는 양심 냉장고 운영
◆ **연차 사용 장려** 눈치 보지 말고 사용! 연차 휴가 사용 장려
◆ **야근 식대** 저녁 9시 이후까지 근무 시 야근 식대 지원
◆ **야근 택시비** 안전한 귀가를 위한 카카오 비즈니스 운영
◆ **기타 이벤트** 할로윈데이, 간식데이 등 일상의 소소한 이벤트 진행

난 호탕한 O형 같아 보이지만
세심하고 완벽을 추구하는 A형이다

일을 하다 보면 사람마다 각기 다른 성향을 보인다. 아무리 뛰어나도 장점만 있는 사람은 없으며, 장점과 단점이 항상 공존한다. 사업을 할 때는 그 사람의 단점이 보인다고 해서 내색할 필요는 없다. 어차피 다 내 일에 도움을 주는 사람들이니까.

사업가 대부분은 자기만의 콘셉트가 있다. 스마트한 이미지 또는 '아무것도 몰라요'라는 능구렁이 이미지 등 각자의 방식으로 자신이 얻고자 하는 바를 얻어 낸다. 그러려면 남을 무조건 따라 하기보다는 나 자신을 내가 가장 잘 파악해야 한다. 즉, '자기 통찰'을 통해 내 장점을 극대화해야 나만의 매력으로 어필할 수 있다.

내 혈액형은 A형이다. 내가 A형이라고 하면 사람들이 잘 믿지 않는다. 겉보기와는 다르게 꼼꼼하며 완벽주의 기질이 강하다. 사소한 일에도 세심하게 신경을 쓴다. 사실 좀 예민한 편이어서 함께 일하는 직원들이 힘들어한다. O형 같은 친화력과 입담은 나서기를 좋아하는 어린 시절 후천적으로 길러진 성향이다.

난 의견을 다각적으로 듣고 모든 의견을 세심하게 검토한다. 어머니의 대화 방식 덕분에 주변 이야기를 다 충분히 듣고, 그 상황에서 최대한 현명한 방법을 찾기 위해 생각하고 또 생각한다. 예컨대,

투자에 대한 이야기를 할 때 그 회사 대표와 이야기를 하고, 공동대표인 두 대표와 모두 소통한다. 그리고 그 중간급 임원 관리자, 팀장, 본부장, 그 밑에 말단 사원의 이야기까지 귀를 기울인다. 그들에게 똑같은 자료를 보낸 뒤 각자 어떤 생각을 갖고 있는지 취합하면 좀 더 생각의 폭을 넓힐 수 있다.

사업에 대해 이야기할 때, 상대는 처음 내 어린 겉모습만 보고 뭘 알겠냐는 심산으로 진지하게 대화를 하지 않는다. 그런데 난 이미 밝혔듯이 내가 궁금한 점에 대해서는 납득이 될 때까지 끝까지 파고들어 간다. 그럼 상대는 어쩔 수 없이 최대한 알맹이 있게 거품을 걷어 내고 말한다. 그리고 난 대화를 이끌어 내야 할 때는 간혹 좀 더 어리게 행동할 때도 있다. 리액션을 크게 하면서 최대한 친근하게 다가가면 상대는 쉽게 방어를 푼다. 그러면 조금 더 편하게 대화를 나눌 수 있다. 그다음 촌철살인으로 잘못된 점이나 궁금한 점을 조목조목 짚어 낸다.

난 20대 초반부터 일을 하면서 나에게 어떤 일이든 쉽게 포기하지 않는 끈기가 있다는 걸 알았다. 그래서 영업도 항상 1등이었고, 아이엔지스토리라는 강의 사업에서 방향을 전환한 작심도 끝까지 지켜냈다. 일의 성패는 끈기에 달렸다고 해도 과언이 아니다. 끈기 있게 무언가를 해냈을 때 그 성취감은 그 무엇과 바꿀 수 없는 희열을 주며 그 힘으로 난 한 단계, 한 단계 목표를 이루며 성장해 왔다.

반면 잘못을 인정하는 건 빠르다. 사업을 하면서 겪는 숱한 리스크도 충분히 감수할 의욕이 넘치지만 그만큼 리스크에 대한 두려움과 걱정도 크다. 또 남들 눈에는 공격적으로 사업을 이끄는 것 같아 보이지만 리스크에 대한 두려움이 큰 만큼 실제는 안정적이고 보수적으로 사업을 운영한다.

대전 우송고 진로 특강을 마치고 학생들과 함께 사진 촬영.

보답의 유통기한을 고민하다

사업 초기에 나는 작심의 브랜드 인지도를 끌어올리기 위해 주요 요지의 매장 확보가 중요했기 때문에 가맹점주들에게 가맹비는 물론이고 교육비, 로열티도 일정 기간 면제했다. 초기 브랜드 인지도가 없을 당시 리스크를 감수하며 작심 브랜드를 선택해 준 원장님들에 대한 감사의 보답이었다. 작심이 성장한 후에도 초기 가맹점주들에게는 온라인 교육 콘텐츠 혜택을 무료로 제공하고 있다.

하지만 난 회사 대표로서 지금의 작심을 있게 해 준 초기 가맹점주들에게 감사한 마음은 여전하나 지금까지의 혜택을 앞으로 계속 제공하기에는 다소 어려움이 있다. 물론 처음 마음가짐을 잃었다고 오해할 수도 있다. 사업이 커진 만큼 내 업무도 바뀌었지만 챙겨야 할 일들이 너무나 많아졌다. 과거엔 1등 기업을 추격하는 입장이었지만 이제는 1등이 되어 경쟁사의 추격을 받는 상황이다. 우리는 계속 발전하고 전진해야 한다. 이제 초기 가맹점주들과도 관계에 변화가 필요한 시점이다. 계속해서 상생해 나가야 할 관계에서 모든 것을 좋게만 유지하려니 어려움이 더 크다. 나의 마음이 진심인 만큼 작심이 성장할 때 함께 이익을 나눈 초기 가맹점주님들도 이제 변화를 맞이해 줬으면 좋겠다.

강남구의
오답 노트!

작심 창업 후
가장 후회한 일 세 가지

❶ 자료를 조금 더 체계적으로 정리하는 습관을 들였어야 했다.
바쁘다는 핑계 아닌 핑계로, 매장이 늘어날 때마다 특이사항을 적어 두지 못했다. 엑셀 시트에 특이점이 생길 때마다 차곡차곡 정리했다면, 그리고 사진 파일도 잘 정리해 뒀다면 그때그때마다 찾는 번거로움이 줄고 자원 낭비 없이 좀 더 단단히 성장할 수 있었을 것이다. 사실 그때는 작심이 이렇게 커질지 예상하지 못했고 그저 한 단계 한 단계 성장시키기에 여념이 없었다. 미리 성공했을 때를 대비했다면 좋았겠지만 지금에서라도 깨달아서 다행이다. 이 책을 읽는 독자들 역시 실패에 대한 대처가 아닌 성공했을 때 자신의 모습을 그려 보고 어떻게 일처리를 효율적으로 할지, 어떤 마인드를 가져야 할지 고민해 보는 기회가 됐으면 한다.

❷ 사소한 경비를 아낄 것이 아니라 직원의 급여를 더 신경 써야 했다.
회사를 운영하다 보면 여기저기 나가는 비용이 많다. 고정 지출을 줄이기 위해 나 나름대로 연 200~300만 원 정도를 절감하려고 노력했는데 이는 더 큰 손실을 불러온다는 걸 최근에야 알았다. 이를 미리 알았다면 직새석소에서 능력을 발휘하며 성장해 나가는 직원들의 급여를 높여 주

며 더 길게 함께했을 텐데라는 후회가 남는다. 항상 인원이 부족해 신입 사원을 뽑다 보니 일처리가 능숙하지 못해 가맹점주들의 불만을 사기도 했다. 이제야 어떤 사람을 어떻게 채용해야 하는지 조금 알 것 같다.

❸ 중요한 일은 내가 잘 모르는 분야라도 전적으로 맡긴 채 방관하지 않았어야 했다.

작심 프로그램 개발과 관련해서 10개월간 아무것도 묻지도 따지지도 않았던 걸 정말 후회한다. 믿고 맡겼지만, 처음 계획과는 다르게 기능 개발이 추가되면서 계속 작업이 늦어졌다. 필요한 기능만 오픈하면 되는데, 그것을 조율하지 못했다. 그때는 직원을 탓했지만 지금 와서 생각해 보면 내가 그만큼 중요하게 생각했던 일이라면 내가 직접 관여하는 게 맞았다. 지금까지 난 작심을 운영하면서 내가 모르는 일은 없었고, 관여하지 않았던 일도 없었다. 독서실 사업이 처음이라 모든 것이 낯설었지만 그래도 스스로 묻고 공부하면서 지금까지 성장해 왔다. 그런데 프로그램은 나의 영역이 아니라고 여기고 직원에게 맡긴 채 미처 관리하지 못했다. 앞으로는 내가 모르는 일은 직원에게 절대 지시를 하거나 시키지도 않을 것이며, 내가 먼저 그 분야를 공부해서 일 처리를 효율적으로 할 수 있도록 모든 것을 확인할 생각이다.

PART 03

포브스가 선정한
차세대 리더
강남구의 작심

성장 가도를 달리는 작심, 홍콩에 진출하다

2020년 400호점을 돌파하며
프리미엄 독서실 2.0 시대를 열다

작심이 1차 전략으로 어두컴컴한 독서실을 클래식한 인테리어와 무료 커피&스낵 서비스 등으로 프리미엄 독서실의 대중화를 앞당겼다면, 더 큰 도약의 발판이자 진입 장벽을 높이기 위한 2차 전략으로 독서실인 오프라인 공간에 온라인 교육 서비스를 결합해 프리미엄 독서실 2.0 시대를 새롭게 열었다.

작심은 출범 약 4년 만에 직영점 64곳을 비롯해 전국에 지점 400여 곳(2020년 10월 현재)을 보유한 국내 대표 프리미엄 독서실 브랜드로 성장했다. 사업 분야도 '작심스터디카페', 공유오피스 '작심스페이스', 프리미엄 고시원 '작심하우스' 등으로 확장해 진학, 취업, 창업 등 모든 인생 사이클을 함께할 수 있는 공간과 서비스를 모두 실현했다.

작심이 제공하는 온라인 교육 콘텐츠 서비스에 대한 수요 역시 가파른 증가세를 보이며 큰 호응을 얻고 있다. 2020년 9월 현재 작심의 교육 콘텐츠 서비스 이용자 수는 7만 8,078명으로 8만 명에 임박했고 누적 금액은 23억 원을 상회했다.

지금까지의 독서실 인터넷 강의 교육 콘텐츠는 수요자 중심이 아닌 공급자 중심으로 콘텐츠를 선택하고 제공했기에 회원들의 외면을 받은 것은 당연한 결과다. 이를 해결하려면 회원들에게 실제 절실한 강의를 파악하고 제공하는 것이 중요했고, 작심은 이름만 들으면 알 만한 교육 업계 1위의 강의를 제휴를 통해 회원들에게 제공해 이용자의 만족도를 높이고 작심만의 성장 원동력으로 작용했다.

앞으로도 작심은 이용자를 중심으로 오프라인 공간에 다양한 온라인 서비스를 입힌 새로운 개념의 프리미엄 독서실을 선보일 다양한 계획을 추진 중이다. 먼저 앱을 통해 독서실 및 스터디카페 좌석의 실시간 예약을 가능하게 하고 교육 인터넷 강의 신청 과정을 간소화할 계획이다. 동시에 야놀자, 여기어때가 빈 객실을 프로모션해서 판매하듯 빈 좌석을 프로모션해 쉽고 빠르며 명확한 타깃팅으로 판매할 수 있도록 할 예정이다.

또 시대의 흐름에 발 빠르게 움직여 작심을 이용하는 고객과 작심을 함께 운영해 나가는 가맹점주들의 불편을 최소화하고 서비스 역시 지속적으로 발전시켜 나갈 것이다. 지금까지의 성과를 바탕으로 더욱 혁신적인 서비스로 보답할 것이다.

그리고 2020년 4월에는 드디어 해외 시장에도 진출했다. 중국으로 뻗어 나간 파트너를 모색하던 중 비전과 미래 전략이 일치하는 부분이 많은 대교 홍콩 법인과 업무 협약을 체결하고 홍콩 내 매장 개설 및 운영에 함께 참여했다. 사업적 시너지 효과가 기대되는 부분으로, 홍콩은 회전율을 높이기 위해 스타벅스에서 와이파이 사용을 30분으로 제한한다. 대교홍콩과 협력하는 스터디 카페는 와이파이 서비스, 커피 음료 등 국내에서처럼 무제한 제공한다(현지 사정에 따라 변경될 수 있음). 현지 매장들과의 서비스 차별화 확보를 위해 노력 중이다. 모든 것을 무제한 제공하는 서비스는 해외 문화에서 첫 시도이며 큰 임팩트를 줄 수 있다고 본다. 대교홍콩은 홍콩 이외에도 이미 중국 내륙에도 법인을 운영하고 있어, 중화권 시장 상황을 누구보다 잘 알고 있는 파트너다. 우리나라와 교육환경이 비슷한 홍콩 등 중화권을 시작으로 작심 브랜드를 세계에 널리 알릴 계획이다.

홍콩의 작심스터디카페

기존 호텔/모텔 시장
체크인/체크아웃, 서비스, 이용료 등은
전화/방문을 통해서만 확인 가능

야놀자/여기어때
내 주변 호텔/모텔을 실시간으로 예약 및
결제가 가능하며, 프로모션 서비스를 이용 가능

동네슈퍼
전단지/간판에 의존한 음식점 서칭,
전화를 통한 주문, 오프라인 결제

배달의 민족/요기요
음식점과 메뉴 및 가격을 한곳에서 볼 수
있고, 주문 및 결제를 원스톱으로 가능

일반독서실
서비스안내에 폐쇄적이며, 좌석 및 이용료
등은 전화/방문을 통해서만 확인 가능

작심독서실 & 작심스터디카페
내 주변 매장의 좌석을 실시간으로 선택
및 결제 가능하며, 원하는 교육 콘텐츠를
무료로 수강 가능

오프라인 DB를 통합 관리 할수 있는 시스템의 부재

날마다 작심,
이루지 못할 꿈은 없다

작심, 독서실계의 '야놀자'를 꿈꾸다

숙박 O2O Online to Offline(온라인과 오프라인을 연결한 마케팅) 플랫폼 '야놀자'와 '여기어때'는 마케팅이 어려운 오프라인 숙박업소들을 하나로 모아 광고를 할 수 있는 채널을 마련했다. 이전까지는 기존 모텔과 같은 숙박업소들은 고객 관리 시스템이 노후화돼 있었다. 이를 숙박 O2O 플랫폼이 통합관리 시스템을 개발·제공함으로써 그동안 주먹구구식으로 운영되던 숙박업소의 예약 시스템 관리를 체계적으로 만들었고 플랫폼 안에서 마케팅을 할 수 있는 기회를 제공했다. 또 회원들의 데이터 관리는 물론이고 성수기와 비수기 마케팅, 매출 및 재고 관리 등을 좀 더 전문화하며 전통 산업에 빅데이터와 IT기술을 접목하여 혁신을 일으키는데 일조했다.

나 역시 작심이 독서실 업계의 '야놀자'가 되는 것이 목표다. 독서실 시장도 이와 같은 변화로 도약을 할 수 있다고 보며 실제 이를 실현하기 위해 노력 중이다. 그동안 축적된 회원·매출 등에 대한 빅데이터가 충분하니 마케팅 계획을 미리 잡을 수 있고, 비성수기에 남은 공석을 프로모션으로 제공해 회전율을 극대화해 수익률 역시 효율적으로 증대할 수 있다. 현재 이런 온라인과 오프라인을 연결하는 O2O 시스템을 갖춘 독서실 브랜드는 없다.

그만큼 독서실 산업이 시대에 비해 많이 뒤처져 있다.

이를 구축하려면 온라인과 오프라인을 통합적으로 관리할 수 있는 시스템이 필수적이다. 작심은 이미 자체적인 O2O 통합관리 시스템을 통해 온오프라인을 통합하고 마케팅 효율화를 위해 데이터 관리할 수 있는 소프트웨어 개발을 완료했다. 이를 작심 독서실에 점차적으로 도입하고 있으며 차별화된 작심의 O2O 통합관리 시스템은 작심뿐 아니라 다른 여러 독서실 브랜드에도 도입 중이다.

무분별하게 커지는 독서실 시장을 통제하는 누군가가 있어야 그 산업이 단단하게 성장할 수 있다. 이를 개선하지 않으면 인테리어 마진만 벌고 사업은 성장할 수 없다. 결국 인테리어 업자들이 들어와 돈만 벌고 나가는 상황이 되는 것이다. 누군가는 이 독서실 시장에 앞장서서 혁신해야 한다. 난 작심이 그 역할을 하길 바라며 꼭 그렇게 되도록 만들 것이다. 이렇게 난 독서실 성장의 사명감과 책임감을 갖고 사업한다.

작심 전략적 상호협력 협약식 장면

작심, 학습 공간 예약 서비스
'픽코 Pickko ' 앱을 출시하다

난 이 사업을 하면서 수십 년간 변하지 않은 독서실 관리 프로그램 혁신의 필요성을 절실히 느꼈다. 지난 2020년 2월, 그 새로운 출발을 위해 작심은 이용자의 편리한 학습 공간 이용을 가능하게 하고자 픽코Pickko 앱을 출시해 시험 서비스 중이다. 배달 앱, 호텔 앱 등이 음식점과 숙박시설이란 오프라인 공간에 대해 이용자의 편의성과 접근성을 높인 것처럼, 학습 공간 예약 서비스 앱인 픽코 역시 학습 공간이란 오프라인 공간을 이용자가 보다 쉽고 간편하게 찾을 수 있도록 작용하게 될 것이라고 확신한다.

픽코는 학습 공간을 선택하고 이용하러 간다는 의미로, 영어 단어 'Pick(선택하다)'과 'go(가다)'의 결합에서 이름을 따왔다. '작심독서실 및 작심스터디카페를 비롯해 전국의 학습 공간을 실시

간으로 예약할 수 있는 학습 공간 예약 앱으로, 좌석 예약은 물론 입·퇴실 관리, 사물함 구매, 결제 등의 서비스부터 제휴된 교육 인터넷 강의 선택도 가능하다.

전국의 여러 지점을 앱을 통해 한눈에 쉽고 편리하게 비교한 후 이용할 수 있고, 결제 후 출입을 위한 QR코드가 생성되어 간 편하게 지점 출입이 가능하다. 위치기반 서비스를 통해 현재 위치 기준으로 가까운 지점을 추천받을 수도 있다.

픽코를 사용하는 지점들은 픽코에서 광고를 할 수 있는 플랫폼이 되고, 매출 역시 체계적으로 관리할 수 있는 서비스를 구축 중이다.

꿈꾸는 것이 사치가 아닌 세상 만들기

2013년에 시작한 진로 교육 회사, 아이엔지스토리의 시작이 그랬듯 작심 역시 꿈을 위해 달려가는 모든 이들을 위해 작은 보탬이 되었으면 하는 바람이다. 어떤 목표를 갖든 공부를 생각했을 때 돈 걱정이 먼저 떠오르지 않는 세상을 만드는 것이 우리가 해야 할 역할이다. 앞으로 작심은 인생을 함께 걸어가는 동반자이자 파트너가 되고자 한다. 진로부터 진학, 취업 준비는 물론 창업의 순간까지도 함께할 것이며, 꿈꾸는 목표의 기회를 놓치지 않도록 응원할 것이다.

작심은 2019년 3월부터 어려운 환경의 학생들에게 장학금을 지원하는 사회 공헌 활동을 이어 오고 있다. 누적 장학 금액은 약 2020년 10월 현재 2,967만 4,400원이며, 누적 장학 혜택 인원은 89명이다. 경제적인 이유로 공부할 수 있는 여건이 되지 않는 청소년들을 위해 독서실·스터디카페 좌석을 지원하는 '일반 장학금', 꿈을 위한 회원들의 열정과 노력을 응원하기 위해 목표를 이룬 합격자들에게 축하의 마음을 담아 장학금을 지원하는 '합격 장학금' 그리고 자기주도학습을 더 잘할 수 있도록 국내 유수의 교육 회사의 강의를 무료로 제공하는 '콘텐츠 무료 제공' 서비스 등을 지원한다.

일반 장학금

경제적인 이유로 공부할 수 있는 여건이 되지 않는 청소년들을 위해 독서실/스터디카페 좌석을 지원해 드립니다.

합격 장학금

꿈을 위한 회원들의 열정과 노력을 응원합니다.
목표를 이룬 합격자에게는 축하의 마음을 담아 합격 장학금을 지급해 드립니다.

지하 1층부터 지상 4층까지 건물 전체가 작심독서실로 채워진 상왕십리역점 모습.

그리고 앞으로 통합관리 시스템으로 회전율을 정확히 산출하면 최대한 많은 학생들에게 빈 좌석을 제공할 수 있을 것이다. 점주와 회사 모두가 손해 보지 않는 선에서 누군가에게는 큰 도움을 줄 수 있는 것이 가능하다고 본다.

작심의 타깃은 남들이 선호하는 유명 학원가나 역세권 지역, 그리고 남들이 다 가지고 있는 뻔한 고객이 아니다. 작심만의 인터넷 교육 강의 콘텐츠를 위해 찾아온 고객들이다. 작심이 최종적으로 추구하는 핵심 가치는 이를 통한 사교육비 절감이며, 실질적 교육의 평등을 이루는 것이다. 그래서 교육 시설이 부족한 지역으로 좀 더 촘촘하게 확장해 대한민국을 넘어 세계 어디에서든 양질의 교육 콘텐츠를 제공받을 수 있는 자기주도학습의 공간이 되고자 한다. 당신이 꿈꾸는 것이 사치가 아닌 세상을 만들기 위해 노력할 것이며 지금 당신이 있는 그곳을 가장 좋은 배움의 터전으로 만들 것을 약속한다.

포브스의 '2020년 아시아 글로벌 리더 300인' 선정, K- 독서실 세계로 뻗어 나가다

2020년 4월, 난 매년 미국 포브스Forbes사가 선정하는 '2020년

30세 이하 아시아 글로벌 리더 300인'에 선정되는 영광을 얻었다. 미국 경제 전문지 포브스는 매년 미국·캐나다, 아시아, 유럽, 아프리카 등 지역별로 금융·벤처, 소비자 기술, 기업 기술, 예술 등 10개 분야의 30세 이하 청년 리더를 분야별로 30명씩 총 300인을 선정하여 발표하고 있다.

난 '2020년 30세 이하 아시아 글로벌 리더 300인'에 이름이 올랐다는 소식을 듣는 순간이 아직도 생생하다. 정말 말 그대로 '가문의 영광'이다. 한국도 아니고 그것도 아시아에서 라니… 우리 아들, 손자, 증손자까지 대대로 자랑스러운 아빠와 할아버지가 될 것 같아 무척 기뻤다. 물론 부모님과 아내도 함께 이 영광스러운 명예를 축하해 주며 그 기쁨을 함께 나눴다. 처음 이 선정 소식을 들었을 때는 얼떨떨했지만 더 큰 사명감과 책임감을 가져야겠다는 생각에 마음이 무거웠다. 작심이 추구하는 가치인 '처음의 마음'을 나 역시 다시 한번 상기하는 계기가 되었다. 작심을 더욱 단단하게 키워 한국의 독서실 문화를 세계에 알릴 수 있도록 노력하겠다는 목표에도 더 가까워졌다. 작심의 키 컬러는 골드와 네이비다. 심벌은 부엉이다. 이 세 가지는 부와 지혜, 철학을 의미한다. 글로벌 진출은 꿈꾸면서 한국 고유의 이미지를 잘 담아내기 위해 정한 로고이며, 작심 역시 글로벌 진출을 염두에 두고 정한 이름이기도 하다. 이제 글로벌 진출이라는 목표점이 정확히

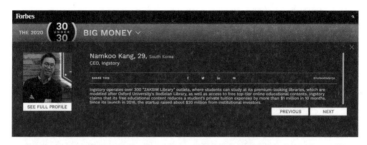

Forbes

Namkoo Kang

CEO, Ingstory

f

y

in

PHOTO BY COURTESY OF NAMKOO KANG

Ingstory operates over 300 "ZAKSIM Library" outlets, where students can study at its premium-looking libraries, which are modeled after Oxford University's Bodleian Library, as well as access to free top-tier online educational contents. Ingstory claims that its free educational content reduces a student's private tuition expenses by more than $1 million in 10 months. Since its launch in 2016, the startup raised about $20 million from institutional investors.

ON FORBES LISTS

30 Under 30 - Asia - Consumer Technology 2020

STATS

AGE   **30**

RESIDENCE   **Seoul, South Korea**

KEY CONNECTIONS

South Korea

ALSO ON FORBES

Fauci Says AstraZeneca Pause 'Unfortunate', WHO Stresses Safety Over Speed In Race For Covid-19 Vaccine

E. Jean Carrol Accused President Trump Of Rape — So Why Is The DOJ Suddenly Defending Him?

'Keeping Up With The Kardashians' May Be Leaving, But The Family's Fortune Is Here To Stay

보인다. K—독서실이 세계로 뻗어 나갈 수 있도록 최선의 노력을 다할 것이다.

아직 중소벤처기업부가 선정하는 예비 유니콘 기업에는 뽑히지 못했지만 무너져 가던 독서실 사업을 개선·혁신하려는 작심을 중소벤처기업부가 제대로 평가해 줬으면 한다. 또 독서실 시설투자비는 상승했는데 독서실 가격 상한선은 10~20년 전 그대로 유지하는 등의 규제 역시 개선되기를 바란다.

잘 나갈 때
다 내려놓아야 한다

인맥, 억지로 관리한다고
만들어지지 않는다

난 사업차 독서실 시장에 뛰어드는 후발 주자들이나 동종 업계의 사람들을 자주 만난다. 이미 내가 지나온 길이지만, 그 첫 발자국을 뗀 그들의 패기와 열정을 보면 내 옛 모습이 떠오른다. 그럴 때마다 난 과거 나를 보는 것 같아 창피함이 밀려오기도 한다. 그건 바로 과거의 내 모습이었다. 나 역시 경쟁 독서실 브랜드 대표에게 찾아가 "○○가는 길에 작심이 따라갑니다."라고 말하며 잘 보이기 위해 아부를 하며 가식을 떨었다. 지금의 난 이렇게 내 과거의 모습을 닮은 사람들을 만나면 상당히 불편하다. 아부하는 모습이 마치 과거의 나에게서 지우고 싶은 모습처럼 보이기 때문이다.

지금의 난 어제보다 오늘 더 나은 삶을 살고 있다. 결혼한 후 아빠가 되고 정신적 안정을 찾으니 몸과 마음의 모든 게 말끔하게 정리됐다. 그동안의 나는 정신적으로 피폐했다. 스물일곱 살의 나이에 군대를 전역하고 빚이 2억 원이 넘었으니 제정신으로 버티기 어려웠다. 그래서 수시로 사람들을 관리하고 연락했다. 그렇지 않으면 뒤처질까 봐 불안했고 그렇게 인맥을 억지로 관리해야 하는 줄 알았다. 나의 이런 인맥관리와 처세술은 XTM '남자의 기술'에 강연자로 나가 전파를 타기도 했다. 그 당시 인맥관리 방식은 이랬다. 내 휴대폰에는 2,000명의 연락처가 저장돼 있었다. 그 많은 사람들을 다 기억하기란 불가능하다. 그래서 나만의 저장 방식을 찾았다. 예컨대, 'SC 이재영(89 중수)'이라고 저장했다면 그 사람은 스탠다드 차티드Standard Chartered에 다니는 1989년 생 이재영으로 중앙대학교 수학과를 나왔다. 이렇게 직장, 이름, 나이, 출신학교를 나만의 방식으로 저장했다. 그리고 명절, 기념일 등 무슨 날이면 날마다 2,000명에게 일일이 문자를 보냈다. 단체 문자는 절대 안 된다. 한 명씩 이름을 써서 문자를 보내면 사흘이 넘게 걸린다. 내 문자에 대한 답장을 받기 위한 것이 아니다. 문자를 보냄으로써 나를 그 사람에게 한 번 더 상기시키는 거다. 나 강남구라는 사람을 기억하라고.

그때는 그렇게 했어야만 했고 그게 맞는 줄 알았다. 지금 생각해 보니 난 내가 무척 불안했던 거 같다. 다 떠날까 봐 무서웠다. 하지만 군대를 다녀오니 떠날 사람은 알아서 다 떠났다. 사업이 어려워지니 내 주변 사람들이 자연스럽게 다 나를 떠났다. 그런데 정말 인생은 모를 일이다. 그렇게 나를 떠났던 사람들이 내가 사업이 잘되니 다시 돌아왔다. 난 인맥은 내가 억지로 관리하는 것이 아니란 걸 깨달았다. 내가 아무런 조건 없이 그 사람을 도우면 그 사람은 결국 내 사람이 되는 것이다.

난 결혼하고 아빠가 되면서
진짜 어른이 됐다

난 내가 봐도 과거의 나와는 확연히 달라졌다. 2018년에 결혼하고 아이를 낳으면서 자연스럽게 정서적인 안정이 찾아왔다. 이제야 비로소 진짜 나와 마주하게 된 것이다.

난 내가 엄청나게 돈을 많이 벌고 싶은 사람인 줄 알았다. 내가 나를 가장 잘 안다고 생각했지만 돌이켜 보니 내가 나를 세일 몰랐다. 막연히 돈이 많은 부자, 남들이 부러워하는 넓고 좋은 집, 남들에게 으스댈 수 있는 비싼 차를 가지고 싶었다.

스물세 살 때 그루폰 코리아에 사표를 내고 사회에 나가 처음 탄 차가 바로 벤츠다. 난 차만 있지 그야말로 빈털터리였다. 이 차를 구입한 것 역시 나를 성공한 부자로 보이기 위한 얕은 꼼수였다. 난 억대 연봉과 개인 비서, 무제한 법인카드까지 받은 그루폰 코리아의 본부장이었다. 하지만 퇴사를 하고 나니 나에게 남은 건 하나도 없었다. 거품이 모두 빠지니 내 모습이 몹시 초라했다. 그 당시 나에게는 값비싼 외제차가 나를 대변할 명함이었다. 난 열등감, 자격지심, 피해의식으로 가득 차 있었다. 이미 그루폰 코리아를 나왔는데도 사람들을 만나면 퇴사한 회사 명함을 주고 다녔다.

그때의 난 마치 오리처럼 물 안에서는 성공하고 싶어 발버둥을 치면서 수면 위로는 온갖 허세로 나를 숨겼다.

지금의 난 내가 봐도 놀랄 정도로 달라졌다. 난 겉모습보다는 내실을 다지는 일에 더 힘쓰고 있다. 난 공사 현장은 물론이고 매장이 오픈한 뒤에도 그 지점을 꼭 방문한다. 정말 어쩔 수 없는 사정으로 방문하지 못한 몇 곳을 빼고는 공사 현장은 거의 다 직접 가서 현장을 확인했다. 아직 가지 못한 공사 중인 현장은 빠른 시간 내에 꼭 갈 것이다. 가맹점주들은 그런 나에게 고마운 진심이 담긴 장문의 카톡 메시지나 문자를 보내고 전화도 한다. 그런 메시지를 읽을 때마다 벅찬 감동으로 힘을 얻지만, 이제는 그 행간에 숨겨진 그들의 걱정거리도 함께 읽힌다. 그들은 내가 단지 젊기에 작심이 아닌 딴 사업을 벌이거나 비싼 술집을 다니며 흥청망청 놀기라도 할까 봐 걱정한다. 아직도 나 강남구가 그동안 발로 뛰며 이루어 낸 성과보다는 그들의 눈에 비친 나의 젊음이 불안한 것 같다. 난 남들보다 일찍 그리고 먼저 평범한 삶을 포기하고 작심의 대표로 뛰었다. 그 부분을 이제는 인정해 주고 믿어주기를 바란다.

난 36명의 직원(2020년 10월 현재)을 거느린 ㈜아이엔지스토리 회사의 대표이자 한 가정의 가장이다. 이제껏 그랬듯 성공에 안주하기보다는 더 높이 그리고 꾸준한 성장이 필요한 사람이다. 성공보다는 성장, 성장 빼면 시체인 내 인생에 안주란 없다.

아내 자랑 좀 하겠습니다

부부는 각기 다른 두 사람이 만나 서로의 다름을 인정하고 단점을 보완해 화목한 가정을 이루는 것이 이상적이라고 생각한다. 이는 우리 부모님을 보고 배운 부부 철학이다. 우리 가족은 아버지의 사업이 어려웠을 때에도 서로를 챙기며 화목했다. 지금도 마찬가지다. 결혼한 후에도 부모님 집에 가족 모두가 모여 대화의 꽃을 피우며 식사하는 자리를 자주 갖는다. 아내가 나를 믿고 결혼한 건 내가 이렇게 화목한 가정에서 자랐다는 환경적 조건도 크다.

아내는 2014년도 9월, 내가 한국외국어대학교 축제 때 열린 'DO DREAM FESTIVAL 2014' 강연을 하러 갔을 때 만난 학생이었다. 그 당시 하늘 높은 줄 모르고 거만했던 내 강의를 듣고 아내는 손을 번쩍 들어 나에게 대뜸 질문을 했다. "대표님께서 생각하시는 성공의 기준은 무엇입니까?"

나는 말문이 막혔다. 그 어떤 질문에도 거침없었던 내가 답을 하지 못하고 얼버무렸다. 성공했다고 떠들기만 했지 그 성공의 기준이 뭔지는 생각해 본 적이 없었다. 아내는 성공에 대한 아무런 기준도 없이 자신의 성공을 읊는 내 모습이 거만하고 듣기 거북했다고 한다. 난 많은 사람들 앞에서 벌거벗겨진 것처럼 창피했다. 나보다 더 당돌한 친구를 만난 건 그때가 처음이었다. 그후로 난 아내에게 그 물음에 대한 답을 주기 위해 다시 연락했고 서로 대화를 이어 가다 보니 자연스레 연인이 됐다.

할아버지가 모 병원 초대 원장 출신으로 유복한 가정에서 자란 아내는 초중고를 스페인에 있는 국제학교에서 공부했다. 이후 한국외국어대학교에서 스페인어과를 전공하고 중국 상하이교통대학에서 산업디자인을 공부했다. 부자인 척 살았던 나의 어린 시절과는 달리 진짜 부유한 집안에서 풍족하게 자랐고, 5개 국어 능통자로 해외 경험도 풍부했다.

난 아내가 나와 달라서 좋았다. 내가 갖지 못한 것을 아내는 누리며 살았고, 명예 있는 집안까지 모두 부러웠다. 난 아내와 결혼해 나의 부족한 부분을 채우고 싶었다. 하지만 그때는 그런 내 모습을 사실 인정하지 않았다. 난 부유한 척 연기하는 못난 사람이었으니까. 나중에 알고 보니 아내는 나의 이런 허세도 다 알고 있었지만 변함없이 노력하는 열정과 부지런함에 신뢰를 갖게 됐다고 고백했다. 이는 불과 6~7년 전 내 이야기다.

아내 '쥬니Juney(본명 이지은)'는 사실 나보다 더 유명한 온라인 콘텐츠 창작자다. 도티, 잠뜰, 킨톨 등 국내 유명 크리에이터들을 아우르는 디지털 엔터테이먼트 기업인 샌드박스에 소속돼 있으며 약 27만 명의 구독자를 보유한 쥬니뚜뗄라 유튜브 채널을 운영하고 있다. 아내는 지난 2018 평창올림픽&평창패럴림픽 쇼트트랙, 피겨 등의 메인 경기에서 한영 MC인 필드탤런트로 활약하기도 했으며, '캐리와 장난감 친구들'의 '쥴리' 캐릭터로 아이들에게 큰 인기를 얻었다. 이후 샌드박스와 함께 쥬니 영어 콘텐츠를 제작하며 탁월한 언어력과 소통능력을 지닌 '어린이 콘텐츠 진문가'로 입지를 확실히 굳혔으며 최근 시작한 틱톡은 단번에 53만 명의 구독자를 불러 모으며 파급력이 큰 메가 인플루언서로 주목을

쥬니뚜뗄라 JuneyTutela
구독자 27.2만명

홈   동영상   재생목록   커뮤니티   채널   정보

[ENG] 언어적 배경부터 허팝님과의 인연, 결혼이야기까지! 쥬니가 직
접 그리는 쥬니의 인생 🖍 Draw my life | 쥬니뚜뗄라 JuneyTutela
쥬니뚜뗄라 JuneyTutela · 조회수 1.1만회 · 5개월 전
언제봐도 오늘의 궁금함이 조금이나마 해소될 수 있는 영상을 만들어 봤어요 쥬니는 아직도
성장 과정에 있고 앞으로도...

추천 채널

쥬니 롱이 Juney English
구독

가온아 뚝뚝이 뚜-NI

받고 있다. 사랑스러운 아들 우태의 엄마이자 사업가 강남구의 아내, 그리고 트렌드를 이끄는 키즈 교육 크리에이터인 쥬니에게 이 자리를 빌려 다시 한번 감사와 사랑의 마음을 전하고 싶다. 이렇게 멋진 아내를 둔 난 진정 행운아다.

아내는 정말 지금 생각해 보아도 대단한 사람이다. 일에 빠져 자주 만나지도 못했던 남자친구를 늘 사랑으로 감싸 줬다. 난 일주일에 딱 한 번, 토요일을 데이트하는 날로 정했다. 그마저도 힘들어 일이 잡힌 날은 아내를 데리고 가맹상담을 갔다. 아내는 멀찌감치 앉아 그런 나를 지켜보며 만족스럽지 못한 힘든 연애를 고맙게 견뎌 주었다. 나야 내 일이니 그렇지만, 아내는 나를 만나며 삶의 즐거움을 상당 부분을 포기했다. 난 이런 아내와 빨리 결혼을 해서 안정적인 가정을 꾸리고 싶었지만 그 당시만 해도 난 여유가 없었다. 그래도 난 어떻게 해서든 내 힘으로 벌어 번듯하게 결혼하고 싶었다. 하지만 계획과는 달리 아내가 임신을 했고, 그 사실을 들은 난 결혼을 서둘렀다. 참고로 난 우리 아버지처럼 아들 이름을 특이하게 짓지 않았다. '강남구'라는 이름은 우리 부모님이었기에 가능했던 거 같다.

난 작심을 통해 성공하고 열등감에서 벗어날 수 있었나. 그 이전까지는 정말 크게 내세울 게 없었다. 이런 못난 나를 끝까지 믿고 이해해 준 아내가 너무 고맙고 존경스럽다. 그런 가족의 믿음

덕분에 난 결혼 후 확실히 안정을 찾았다. 아이를 낳고 아빠가 되니 인생의 또 다른 기쁨을 알게 되고 책임감까지 더 높아졌다. 나도 이렇게 한순간에 변한 내가 신기하다. 말 그대로 가화만사성家和萬事成이다. 집안이 화목하면 모든 일이 잘 이루어진다. 내 인생에서 일이 정말 중요하긴 하지만 사실 가장 중요시하는 건 가족과 부모님의 안정이다.

내려가지 않으려면 잘 나갈 때
다 내려놓아야 한다

난 군 복무 당시 '잘 나갈 때 다 내려놓자'란 생각을 했다. 제일 잘 나갈 때 모든 욕심을 내려놓아야 돈이 모인다. 많은 사람들을 만나면서 성공했다고 떵떵거리던 사람이 그 높은 자리에까지 열심히 올라가서 어떻게 다시 나락으로 떨어지는지 옆에서 똑똑히 지켜봤기 때문이다. 그들은 성공에 도취되어 돈을 겁 없이 썼다. 고급 차는 물론이고 명품 옷과 고가의 취미, 값비싼 음식 등에 돈을 물 쓰듯이 쓰며 자신을 과시했다. 난 그런 허세가 이제 필요 없어졌다. 그래서 차도 팔았다. 차를 파니 집에서 회사까지 출근할 때 걷게 됐고 지역의 상권 분석도 자연스럽게 파악할 수 있었다. 보통 이동할 때는 택시나 지하철 같은 대중교통을 이용하는데 오히려 교통 체증이나 주차로 인한 불편함도 적고 졸음운전으로 사고가 날 확률도 낮출 수 있어 아직까지는 만족하고 있다. 난 이제 내 수익이 생기면 겉치장이 아닌 내실을 다지기 위해 자기계발에 투자한다.

또 비즈니스로 사람들을 만날 때 밖이 아닌 집으로 되도록 초대하기 시작했다. 국내에서는 아직 비즈니스 관계의 사람들을 집으로 초대하는 일은 흔치 않다. 오히려 집으로 사람들을 불러 직접 만든 음식을 대접하니 관계가 훨씬 더 좋아졌다. 집이라는 곳

비즈니스로 사람들을 만날 때 밖이 아닌 집으로 되도록 초대하기 시작했다.

은 지극히 사적인 공간이다. 공적인 사람을 집으로 불러 내가 사는 모습을 여실히 보여 주니 신뢰가 더 깊어지고 속 깊은 이야기까지 폭넓게 할 수 있는 편안한 분위기가 조성됐다. 겉치레만 화려한 외식 자리보다는 이렇게 정성이 담긴 집밥을 대접하니 관계도 비용도 모두 이득이다. 지인들 역시 집으로 자주 초대한다. 난 이제 안다. 내가 성공만 조급하게 좇았던 이유는 돈이 없었기 때문이 아니라 돈을 성공의 요인이라고 믿으며 자존감을 스스로 떨어뜨렸기 때문이다.

강남구는 사업을 만들고
사업은 강남구를 만든다

비판은 겸허히 받아들이며
발전적으로 나아가다

나의 평가는 극과 극으로 나뉜다. 나를 긍정적으로 평가하는 사람들은 성공하고자 하는 나의 의지와 열정부터 패기, 물면 놓치지 않는 끈기와 친화력 있는 화법까지 모두 좋게 본다. 반면 나를 싫어하는 사람도 꽤 많다. 그들에게는 이런 나의 모습은 모두 눈엣가시다. 하지만 과거에는 그런 것들을 신경 쓸 여유조차 없었고 스스로를 아끼지 못하다 보니 타인에 대한 배려심도 부족했다. 난 인정한다. 내가 고등학교 졸업 후 남들보다 빠르게 성장하고 또 실패하고 다시 성장한 것처럼 난 짧은 시간에 많은 것을 배우고 느끼며 달라졌다. 돌아보면 사회 경험이 전혀 없는 상태에서 티몬에서부터 그저 상황에 맞게 나에게 닥치는 수많은 문제를 내 방식대로 풀어 온 것 같다. 나와 함께 일하는 직원들 역시 나에 대한 평가가 달라졌다. 7년 전, 5년 전, 3년 전의 나에 대한 평가 역시 달라졌지만 그래도 다행인 건 난 계속해서 성숙하고 발전하고 있다는 점이다. 초창기 아이엔지스토리 직원들에게는 '내가 경험이 있는 상태로 창업을 했다면 좀 더 좋은 기억으로 서로에게 남았을 텐데'라는 미안함과 아쉬움이 늘 마음 한편에 자리한다. 그래서 비록 나쁜 경험이라도 그 일을 잊기보다는 곱씹으며 과거와 똑같은 실수를 하지 않기 위해 노력한다.

"강남구 대표는 열정의 온도가 워낙 높다. 피드백, 추진력, 트렌드 변화의 파악도 빠르다. 그런 부분에서는 협업과 공감대 형성이 잘되는 거 같다. 근데 그 온도를 간혹 못 따라갈 때가 있다. 그 부분이 버거울 때가 간혹 있다." 작심 개설팀 강정미 팀장

성공한 창업가들의 인터뷰 영상을 소개하는 태용이라는 유튜브 채널이 있다. 〈사업 실패 후 독서실 프렌차이즈 2년 만에 연매출 160억〉이란 주제로 만든 내 인터뷰 영상은 지금도 여전히 상위권을 차지한다. 조회 수가 높은 만큼 칭찬과 응원도 많지만 비판의 댓글도 많다. 난 앞에서도 말했듯 군대에서 관심 병사였다. 이 영상의 댓글을 읽다 "너 관심 병사였지? 군대 생활 거지같이 했지!"란 댓글이 눈에 띄었다. 난 인정한다. 내가 그럴 수밖에 없었던 이유도 앞서 다 설명했다. 난 여기에 "너 ○○구나! 그래도 기억해 줘서 고맙다. 그때 내가 이기적이었지. 미안해 어쩔수 없었어."라고 답변을 달았다. 댓글을 계속 읽다 보니 나랑 함께 사업을 하다가 헤어진 친구, 내가 해고한 직원들도 내 영상을 보고 댓글을 달았다. 난 그들이 쓴 댓글에 하나하나 답을 달았다. "그래, 나 이기적이었어. 내가 돈이 없었는데 그때 허영심에 가득차서 돈이 있는 척했어. 미안해." 난 이렇게 내 과거의 행동을 인정하며 진심을 전하고자 했다. 이것을 계기로 나에게 악성 댓글을 달았던 사람과 다시 만나 친해지기도 했다. 댓글을 읽으면서 다시 내 과거를 떠올리고 새 다짐을 한다. 그리고 그들의 격려와 응원, 비판과 조언 모두 자세히 살피며 앞으로 내가, 작심이 나아갈 방향에 대해서도 진지하게 고민해 본다. 이 영상의 댓글 중 기억에 남는, 내가 마음속에 깊이 새길 몇몇 댓글을 소개한다.

0:00 / 14:35

전역할 때
빚 2억

wxxxxx

같이 군 생활했던 사람이다. 정말 시한폭탄 같은 동료였다. 점호 직전까지 신문 보고 남들 평일 일과 끝나고 작업 갈 때 사업 문제로 매일 면회 오니 작업은 매번 열외다. 그래서 전부대원 평일 면회 다 통제되고 그러니 다른 사병들이 아니꼽게 볼 수밖에 없었다. 군대에 와서 국방의 의무라는 역할극만 하러왔지 본업을 계속하는 사업가였다. 그래서 트러블이 굉장히 잦았었다. 그렇다고 선임들이 잡으려고 해도 나이도 많고 본인 주장이 굉장히 강한 사람이라 난 일과시간 외에 내 할 일 하는 건데 왜 뭐라 하냐고 오히려 더 소리쳤다. 솔직히 선후임 개념이 없었다. 본인이 말했듯이 정말 군 생활은 개판이었다. 그래도 확실한 건 사업적인 능력이나 1분 1초라도 허투루 쓰지 않으려고 하는 자기관리와 추진력은 정말 일반 사람들이 갖고 있는 사고방식과는 차원이 달랐다. 북카페에서 일과 후에 매일같이 책을 쌓아 두고 보는 걸 지켜보면서 솔직히 같이 생활하기엔 최악이었지만 가끔 책 보면서 해 주는 말을 들을 때는 배울 점이 많았다. 그래도 군대는 군대다워야 군대다. 어찌 됐건 그가 부대에서 작심이라는 독서 동아리를 시작하더니 길거리 다니면서 작심을 수백 개 볼 때마다 기분이 묘하다. 확실한 건 사업가의 사고방식은 흔히 말하는 '일반' 사람들과는 천지 차이라는 것. 그 사고방식도 본인은 모르겠지만 있는 자의 여유에서 나온다. 없이 자라 본 사람들은 저런 생각할 여유조차도 갖지 못하지만 그중에서도 자수성가형 성공한 사업가는 나오긴 나온다. 그래서 성공이라는 게 한 끗 차이 같으면서도 나오는 먼 나라 얘기인 거 같다.

kang namkoo

와우. 일단 51사단 헌병대의 '작심' 독서동아리 기억해 줘서 고맙다! 그때 생각하면 정말 작심이 아이디어 차원밖에 안 되었는데 너희가 이야기도 잘 들어 줬던 기억도 나네. 쓰레기통에서 대장님이 버린 경제신문 찾아서 보던 것도 생생하다. 어쨌든 네가 말한 것처럼 진짜 형은 군대에서 관심 병사였지 너처럼 A급 병사는 아니었던 거 인정. 그래도 요즘 군대가 참 좋아져서 다행이지 안 그랬으면 형 군 생활 다 못 채웠을 수도ㅠㅠ. 냉철하게 형의 군 생활에 대해 너의 생각구 생활 하면서ㄸ 현한테 배운 것도 이야기에 주는 토납을 보니까 상당히 합리적인 사고를 한다는 생각이 들었어. 몇 안 되는 책 읽는 멤버였으니까. 지난주에 OOO 연락 와서 추석 지나고 보기로 했는데. 너도 보자 마지막으로 팩트 체크하나만 하자네 평일 면회는 나 인간적으로 딱 2번 했는데, 내가 주말도 하고 평일도 하니까 집이 먼 친구들이 면회를 자주 못 해서 대장님께서 평일 면회 없애신 거야. 내가 맨날 해서는 아니야. 오해 없길 바래! 꼭 연락해 동생!!!

Dxxxxxx · 1년 전

수백 수천 사람들은 저렇게 튀지도 못함ㅋㅋ 애초에 리더로 서야 하는 사람임.

백xx · 1년 전
거만하던데 말투부터 예전에 보니까

kang namkoo · 1년 전
'빈 수레가 요란하다'고 하듯이 그 당시엔 제가 많이 부족했던 것 같습니다. 더 겸손해지겠습니다. 한 번 더 인지시켜 주셔서 감사합니다.

Exxxx · 1년 전
와~ 지역)서울 저런 생각을 하시다니 역시 독 되는 경험 하나 없네요.

kang namkoo · 1년 전
다만 제가 뛰어나서 생각해 낸 전략은 아닙니다. 서울에서 영업하니 너무 경쟁이 치열하여..

맹x · 1년 전
실패는 누구나 하죠. 성공은 누구나 하는 것이 아닙니다. 도전하라고요? 어느 정도 논리적이고 합리적인 머리가 있어야 합니다. 트렌드를 읽을 줄 알아야 하고 리더십이 있어야 해요. 인생을 갈아 넣을 용기도 필요하고요. 현실적으론 자기 위치를 깨닫고 월급쟁이로 평생 사는 것도 지혜로운 방법일 수 있습니다.

kang namkoo · 1년 전
'맹구' 님의 의견 존중합니다. 모두가 도전할 수는 없다고 생각합니다. 지속적인 트레이닝이 되어야 이 분야에서도 잘할 수 있다는 말씀에도 공감합니다. 제 영상에서 현실적으로 주의할 점을 잘 설명해 주셔서 감사합니다. 그래도 작심 많이 응원해 주십쇼! 그리고 도전하려는 청년들에게 기회를 주는 회사가 되겠습니다.

김xx · 1년 전
아이엔지스토리에서 1년 조금 넘게 일했는데 생각보다 고생 많이 했습니다. 내부적으로 체계가 없다 보니 일하는 시간 자체가 길 수밖에 없었는데, 근무시간에 비해 받는 급여가 적은 건 사실이었어요. 근데 같이 일하는 직원들도 그거 다 알고 들어온 거고, 고생할 땐 속으로 욕 많이 하면서도 체계가 만들어지고 회사가 성장하는 게 눈에 보이니까 또 그 재미로 다녔습니다. 내 경력으로 큰 회사 가는 것보다 스타트업에서 일했을 때 줄 수 있는 영향력이 훨씬 컸으니까요.

Exxxx · 1년 전
14:08 몸이 부르르 떨릴 정도의 열정. 한수 배우고 갑니다.

탑xx · 1년 전
온전히 자신만의 열정과 노력으로 성공한 자수성가의 대표 본보기가 될 수 있도록 무궁무진한 발전을 기대해 봅니다. 그리고 성공 후에는 당신처럼 좋은 아이디어와 열정, 노력으로 똘똘 뭉친 누군가에게 새싹이 큰 나무가 될 수 있게 물과 거름 같은 존재가 되었으면 더 좋을 듯합니다.

조xxxxxx · 1년 전
인상이 유들유들하시다 O형이신 듯

kang namkoo · 1년 전
안녕하세요. A형입니다^^

김xx · 1년 전

독서실 다닐 때 온라인 강의를 무료로 들을 수 있다는 게 가장 큰 메리트인 것 같습니다. 이거 광장히 큰 메리트임. 저 사람 진짜 사업가다 ㅋㅋㅋ 집안이 넉넉하지 못한 학생들에게 혹은 정말 공부할 의지가 있는 친구들한텐 희소식일 듯

수xx · 1년 전

작심 거의 20만 원 하는데 가난한 학생은 다니지도 못해요. 독서실 인터넷 강의 듣는 애들 거의 못 봄. 그냥 깔끔하고 고급스러운 걸 애들이 좋아하는 것뿐임. 가면 음료 있고 먹을 거 있고 그거임.

kang namkoo · 1년 전

작심은 가맹점과 직영점의 두 가지 구조로 운영되다 보니 지역마다 이용료에 차이가 있습니다. 하지만 이용료가 높다는 부분은 지속적으로 듣고 있습니다. 어떻게 하면 회원분들이 합리적인 비용이라고 생각할 수 있을지 더 고민하겠습니다. 추가로, 분기마다 어려운 친구들이 독서실 이용을 할 수 있도록 후원하고 있습니다. 혹시 주변에 형편이 어려운 친구가 있으면 회사 CS로 문의해 주시면 감사하겠습니다.

아xxxxxxx · 1년 전

몇 년 못 갈 거 같은데...

kang namkoo · 1년 전

그렇게 되지 않기 위해서 지속 가능한 성장을 위한 노력과 고민을 계속하겠습니다.

XX · 1년 전

관상 보면 답 나옴 내가 보기에는 오래 못 가다 사기꾼 될 상임..

kang namkoo · 1년 전

사기꾼이 되지 않도록 진정성 있게 사업하겠습니다. 부족한 게 많지만 부족한 건 보완하며 장점을 극대화하여 꼭 살아남겠습니다. 창업은 냉정하고 고독한 것 같습니다. 저 말고 나중에 관상 좋으신 분을 보시면 꼭 칭찬해 주십시오. 그러면 그분에게 정신적으로 정말 잊지 못할 도움이 될 겁니다. 님도 하루하루 치열한 사회에서 화이팅 하십쇼! 응원합니다!

김xx · 1년 전

대학도 안 간 사람이 공부도 안 했을 텐데 독서실 이용은 해 봤나 모르겠다. 공부도 안 해 봤을 텐데 자기주도학습 사업? ㅋ 잘된 게 이상한 케이스

kang namkoo · 1년 전

말씀하신 것처럼 공부는 잘하지 않았지만. 고3 때 열심히 독서실에 다니며 새벽까지 공부하면서 동네에 있는 독서실은 다 다녀 봤습니다. 하지만 장기간 공부해 본 경험이 있는 분들이 더 잘 아실 거라 생각이 들어 유학파, 명문대 공동대표와 함께 사업하고 있습니다. 또 현재도 대학 도서관, 타 브랜드 독서실, 동네에 있는 도서관을 직원들과 많이 다닙니다. 부족한 건 꾸준히 보완해 공부하시는 분들께 더 좋은 환경을 제공하도록 하겠습니다. 다른 분들도 궁금해하실 수 있는 충분한 질문을 해 주셔서 감사드립니다.

작심 사업 이후
가장 많이 듣는 다섯 가지 질문

❶ 영업에서 시작해 매니지먼트를 하게 되었는데 팀은 어떻게 관리하나요?

난 상벌이 확실하다. 팀원이 잘할 때는 격려와 칭찬을 아끼지 않지만 기대에 미치지 못했을 때는 분명하게 지적한다. 어떤 문제든 긍정적인 사고로 해결책을 찾도록 이끈다. 부정적인 사고는 모든 가능성을 차단한다. 안 된다고 결정짓는 순간 발전은 없다. 다른 방법으로 현명하게 풀어내야 한다. 혼자서 어려우면 팀으로 함께 힘을 합쳐 극복해 냈을 때 팀의 성장을 불러일으킨다. 일단 부딪히고 그 과정에서 문제들이 생기면 조언을 구하는 일의 방식을 추구한다. 우리 팀은 누구보다 열심히 일한다. 일찍 일하고 될 때까지 일한다. 또 모르면 배우려고 하고 모르는 것을 창피해하지 않는다. 일을 하면서 기본을 잊는 경우도 있는데, 그때마다 다시 물어보고 기억하고 메모하는 습관을 들이도록 트레이닝했다.

내가 생각하는 나의 장점은 직원들에게 피드백을 빨리 준다는 점이다. 직원들의 물음에 빨리 현명한 답을 내리고 결론을 빨리 지어 주는 것이 어떻게 보면 소통에서 가장 중요한 부분이라고 생각한다.

❷ 직원들에게 동기 부여는 어떻게 하나요?

어디로 갈지 방향도 정하지 않은 채 무조건 차를 끌고 거리로 나간다면 목적지까지 가는 데 많은 시행착오를 겪게 될 것이다. 난 내가 아는 정보를 직원들과 최대한 공유해 모두가 같은 꿈을 꿀 수 있도록 이끈다. 직원들 또한 당장의 업무에만 몰두하면 이런저런 문제로 시야가 좁아지고 그것들은 그저 감당하기 힘든 고민과 과제가 될 수밖에 없다. 하지만 한 발짝 뒤에서 큰 방향을 보면 바로 눈앞의 사소한 문제는 별거 아닐 수 있다. 한배를 탄 우리의 목적지까지 가기 위한 과정일 뿐이다. 이를 잘 극복하면 성과는 확실히 보상한다. 성과를 중심으로 보상하면 직원들의 사기가 오르고 실행력이 더욱 커진다. 난 느슨한 근무 형태를 선호하지 않는다. 지금은 누가 먼저 선점하느냐로 사업의 성패가 판가름 나는 속도 경쟁력의 시대다. 빠른 목표 설정과 실행은 직원들을 당기는 힘으로 작용해 직원들이 주도적으로 일을 하게 만들고 발전시킨다.

❸ 당신의 리더십은 어떤 유형인가요?

솔선수범, 경험주의, 빠른 실천이 바로 내 리더십의 주요 키워드다. 난 스스로 몸을 부딪쳐 가며 필드에서 많은 경험을 쌓았다. 모든 걸 직접 경험하고 의견을 낸다. 그저 앉아서 생각만 하면 탁상공론으로 끝난다. 무조건 행동하고 경험해 봐야 한다. 일단 일을 벌여야 한다. 이때 가장 중요한 것이 바로 실패가 아닌 성공에 대해서만 생각하는 것이다. 죽으라는 법은 없다. 부정적인 생각을 경계하고 항상 된다는 긍정적인 생각으로 일에 접근해야 한다. 그러지 않았다면 지금의 작심은 없었다.

❹ 스트레스 관리는 어떻게 하나요?

선택은 나의 몫이지만 혼자보다는 여럿이 함께 문제를 푸는 것이 더 쉽고 빠르다. 난 같은 분야의 창업자, 투자자 그리고 다른 분야에서 창업한 지인들과 가족들에게도 현재 내 상황에 대한 고민을 숨기지 않고 털어놓아 방법을 함께 모색한다. 과거에는 고민이 있으면 잘 털어놓지 않았다. 혼자 끙끙 앓으면서 어떻게 해서든 내 선에서 문제를 해결하려고 했다. 하지만 그럴수록 문제는 더욱 풀리지 않고 스트레스만 쌓였다. 하지만 다양한 사람들의 의견을 듣고 다각도로 그 의견을 분석해 결론을 내면 문제는 훨씬 쉬워지는 경우가 많았다. 그전에는 한 기업의 대표라면 직원들을 휘어잡는 카리스마도 있고 이느 징토 회도룸노 감수하는 것이 당연하다고 생각했지만, 이제는 직원들에게도 솔직하게 문제에 대한 상황을 자세히 공유한다. 그러면 직원들도 대표의 입장에 서 보고 왜 일의 방향이 갑자기 틀어졌는지를 이해하고 신뢰를 보이며 따라와 준다. 사업도 어차피 사람 간의 일이다. 이런 소통의 문제부터 해결이 되어야 대표나 직원 모두 크고 작은 스트레스에 시달리지 않고 일에 좀 더 집중할 수 있다. 그리고 난 술과 담배로 스트레스를 풀지 않는다. 술 자체를 별로 즐기지 않으며, 보통 술 대신 커피를 마시며 대화하는 티타임을 자주 갖는다. 같은 경험을 공유하는 사람들과 차를 마시며 일에 대한 생각을 이야기하다 보면 스트레스가 풀린다.

❺ 사람들을 나에게 몰입시키는 화법이나 노하우가 있나요?
일단 젊음의 에너지가 몰입에 가장 큰 효과가 있는 것 같다. 그리고 이야기 초반에 고졸 출신이라는 나만의 성장 스토리를 먼저 소개하면 사람들은 흥미를 갖고 내 말을 경청한다. 학벌이 높은 사람은 사실 별로 없다. 이렇게 나를 먼저 낮추면 공감대가 형성되면서 친밀감을 줄 수 있다. 억지로 멋있는 표현이나 단어를 사용하지 않는다. 철저히 내 경험 위주로 이야기하면 더 사실적이고 믿음을 줄 수 있다. 웃음을 잃지 않는 얼굴 표정도 중요하다. 내가 먼저 신이 나서 말해야 상대에게도 그 기운이 전해진다. 그리고 핵심 내용에서는 하이 톤으로 강조해서 말하면 좀 더 이야기에 힘이 실린다. 다양한 표정과 동작, 목소리에 강약을 조절하면서 생동감 있게 말하며 무엇보다 사람들 앞에서 말하는 연습을 많이 해 봐야 한다.

강남구 대표가 추천하는
여덟 권의 책

❶〈부의 추월차선〉
(엠제이 드마코 지음)
부자들이 말해 주지 않는 진정한
부를 얻는 방법을 소개한다.

❷〈보랏빛 소가 온다 1, 2〉
(세스 고딘 지음)
1권은 혁신의 중요성을 일깨우고
2권은 혁신으로 가는 길을 안내한다.

❸〈아마존, 세상의 모든 것을 팝니다〉
(브래드 스톤 지음)
베일 속에 가려진 아마존과 CEO 제프 베조스의
모든 것을 공개한다.

❹〈좋은 기업을 넘어... 위대한 기업으로〉
(짐 콜린스 지음)
저자를 포함한 21인의 연구팀이 5년간 '좋은
기업에서 위대한 기업으로(good-to-great)'를
주제로 연구한 내용을 정리한다.

**❺⟨블랙 스완⟩
(나심 니콜라스 탈레브 지음)**
전 세계 금융 위기의 진원지인
월스트리트의 허상을
통렬히 파헤친다.

**❻⟨샘 월튼 불황없는 소비를 창조하라⟩
(샘 월튼, 존 휴이 지음)**
시골 잡화점을 세계 최대 기업으로 키워 낸
월마트 창업주의 이야기다.

**❸⟨스티브 잡스⟩
(월터 아이작슨 지음)**
애플의 공동 창업주이자 전 CEO, 21세기를
움직인 혁신의 아이콘 스티브 잡스가 인정한
유일한 공식 전기다.

**❹⟨제로 투 원⟩
(피터 틸, 블레이크 매스터스 지음)**
온라인 결제 서비스 기업 페이팔의 공동 창업자
피터 틸이 새로운 것을 창조하는 회사를 만들고,
미래의 흐름을 읽어 성공하는 '창조적 독점'을
다룬다.

에필로그
EPILOGUE

내가 포기하지 않는다면
세상은 날 버리지 않는다

먼저 어떤 일이든 자신의 마음에 대한 자존심만 내세우지 말고 일에 대한 자존심을 좀 더 세우기 바란다. 자신이 무언가를 이끌고 주장하려면 무엇보다 일적인 면에서 자존심을 세워 능력을 갖추는 것이 기본이다.

그리고 창업자들에게 자신의 멘토가 누구냐고 물으면 대부분 스티브 잡스나 빌 게이츠를 언급한다. 하지만 그들은 동경의 대상일 뿐 실질적 멘토는 아니다. 내가 생각하는 멘토란 당장 내 옆에서 나에게 문제가 발생했을 때 바로 피드백을 줄 수 있는 사람이다. 즉, 내가 잘하거나 못하는 부분에 대해 조언이나 충고를 해줄 수 있는 사람이 진정한 멘토다. 실제 나의 멘토는 내가 성장하면서 자연스레 바뀌었다. 내가 처음 사회에 나왔던 스무 살에는 사촌 형이 멘토였고, 내 나이 스물넷에는 티몬의 신현성 대표가 멘토였다.

최근 여러 창업자의 인터뷰 기사를 보면 그들은 오전 10시 30분에 출근해 일을 시작한다고 한다. 하지만 이는 모든 창업자에게 적용되는 방식은 아니다. 이렇게 자기를 관리할 수 있는 것도 단계가 있다. 창업 초기부터 이런 식으로 일하다가는 망하기 십상이다. 내 능력과 경험이 쌓이지 않았을 때는 밤낮을 가리지 않고 열심히 일만 하는 것이 맞다. 경험치가 쌓여도 1분 1초를 허투루 쓴다면 오래 살아남지 못한다. 요즘 창업자들은 밤낮으로 일만 하지 않는다고 하지만 난 이런 일의 방식은 그동안 자기만의 기준치를 켜켜이 쌓아 온 사람들만이 가능한 일이라고 생각한다. 노력의 시간과 경험치가 없을 때는 A부터 Z까지 주구장창 열심히 하는 게 맞고, 어느 정도 쌓였을 때는 밀도 있게 효율적으로 일하는 게 맞다.

그리고 꿈에도 보험이 있어야 한다. 사업이 실패했을 때 그 플랜 B가 있어야 하고, 플랜 B가 안 되면 플랜 C가 있어야 한다. 성공한 창업자의 인터뷰 기사나 영상 등을 어설프게 접하면 사업이 실패했을 때 2안, 3안도 없이 마치 하나의 사업에 집중했기에 잘됐을 것이라고 오해할 수 있다. 난 그렇게 해서는 안 된다고 생각한다. 아이엔지스토리가 강연 사업에서 독서실 사업으로 큰 흐름을 가져가되 방향 전환을 한 것처럼 시대 흐름에 맞게 다각도의 시선으로 방향키를 적절히 설정할 줄 알아야 한다.

그리고 펀딩을 전제로 사업 아이템을 계획하는 것도 추천하지 않는다. 적게 벌고 천천히 가더라도 돈을 소금이라도 벌면서 가는 비즈니스 모델을 짜는 게 중요하다. 나도 마찬가지다. 자본금 240만 원으로 시작해서 직접 강의를 하며 번 돈으로 부족한 돈을

"현장에 답이 있다." 작심 독서실 건설 현장을 찾아 점검하는 강남구 대표.

채우며 자본금을 마련했다. 그런 다음 펀딩을 받아 자본금을 늘려 나가면서 회사를 지금까지 키웠다.

마지막으로 그 사업의 고객이 누구인지를 항상 기억해야 한다. 고객의 정의가 사업의 성패를 결정짓는 중요한 요소가 될 수 있다. 그리고 그렇게 설정한 고객이 원하는 혜택을 증가시키는 것에만 집중하면 된다. 나 역시 작심을 운영하며 "우리의 고객이 누구이고, 고객이 많이 듣는 강의가 과연 무엇일까?", "고객이 공부하면서 어떤 곳에 돈이 많이 들어갈까?", "고객은 간식과 커피 중 어느 것을 더 좋아할까?"처럼 고객의 혜택을 늘리는 서비스에 시간을 투자했고 그렇게 사업을 발전시켰다. 어떤 일이든 믿는 대로 이루어진다. 위기에 처했을 때 안 된다는 생각부터 머릿속에 지워 버리자. 누구나 생각할 수 있는 상식에서 벗어나 긍정적으로 생각하며 고객을 우선으로 생각하기. 이 마음으로 자신을 믿고 꿈을 향해 달려간다면 분명 우리는 그 목표점에 가까이 다다를 것이다. 실패는 시행착오라는 교훈을 통해 혁신으로 비약할 수 있는 큰 자산이 된다는 것을 명심하자.

강남구를 믿고
지금 작심하십시오!

날마다 작심하면
이루지 못할 꿈은 없습니다.